本系列丛书为国家自然科学基金项目"全球化背景下中国农民合作组织发展：运营模式、治理结构与比较研究"（项目号：71020107028）和"农业产业组织体系与农民合作社发展：以农民合作组织发展为中心的农业产业组织体系创新与优化研究"（项目号：71333011）的成果。浙江大学"农林经济管理"国家重点（培育）学科对成果的出版给予了资助。特此致谢！

Transaction Costs and
Contract Arrangement of Smallholders

农业产业组织与农民合作社研究系列丛书

交易费用与
农户契约选择

张静 著

ZHEJIANG UNIVERSITY PRESS
浙江大学出版社

总　序

　　我国农村始于20世纪70年代末80年代初的家庭联产承包责任制改革，赋予了农民比较稳定的土地承包经营权，调动了其生产积极性与创造性，促进了农业与农村经济的迅速发展。但随着改革开放的深入，社会经济环境的变化以及传统村集体经济组织的逐步衰弱，其在产前、产中、产后的统一服务功能不断弱化，农民的农业生产逐步陷于小规模、分散化的困境与挑战。这种挑战主要表现在三个方面：一是小规模、分散化的农业家庭经营难以实现农业的集约化、专业化和规模化生产；二是小规模、分散化的农业家庭经营难以实现农业的产业化经营和纵向链条延伸；三是小规模、分散化的农业家庭经营难以适应日益激烈的农产品市场竞争。最终导致多数农户很难再依靠农业生产获得体面的收入，大量的农业剩余劳动力开始流向城镇和非农产业，现代农业发展举步维艰。

　　面对此困局，从20世纪90年代开始，以山东省潍坊市为代表，出现了农业产业化经营的新的生产经营方式，取得了相当不错的经营效益，随后以"公司＋农户"为主导的农业产业化经营模式开始被各地政府提到重要议事日程进行宣传推广。但这种模式在应用推广的过程中也逐步暴露出一些问题，主要体现在：农业企业与众多分散农户打交道的交易成本非常高；农业企业与农户不是利益共同体，两者的关系比较脆弱；农业企业较强势，容易侵占农民合法收益，农民与企业间市场地位和信息获取不对称。我校农业经济管理系的不少师生也正是从这一时期开始关注农业产业化问题的研究。

1

在这一时期,我们首先对农业产业化经营的概念、实质、关键问题等进行了初步剖析(李长江、袁克忠、袁飞,1997;傅夏仙,1999),提出了自己的初步思考(和丕禅、郭红东,1997;周洁红、柴彭颐,1999)。在介绍国外农业产业化的先进经验的同时(柴彭颐、周洁红,1999),也开始关注浙江农业产业化的发展实践(黄祖辉、郭红东,1999),注意到了实践领域中存在的"公司＋农户"、"农户＋农户合作中介组织＋市场"等丰富多样的农业产业化形式(黄祖辉、郭红东,1997;郭红东、和丕禅,1998),试图对这些农业产业化的模式进行梳理,对农业产业化的指标、实现途径进行探索(罗庆成、潘伟光、朱允卫,1998;周洁红、柴彭颐,1998)。应该说这个阶段,我们关于农业产业化的理论研究小有收获,也协助政府部门回答了应该制定怎样的农业产业化支持政策的问题(周洁红、柴彭颐,1999;郭红东、黄祖辉、蔡新光等,2000)。

由于以"公司＋农户"为主导的农业产业化经营面临着一些固有的内在缺陷,被认为能更好地代表和维护农民利益的农业合作社组织得以从20世纪90年代中后期开始获得重新宣传和引入,并从21世纪初逐步在浙江等地开始试验推广,这就给我们展开相关问题的深入研究提供了很好的实践动力。同时,浙江大学农业现代化与农村发展研究中心(教育部人文社科重点研究基地)、浙江大学中国农村发展研究院(国家"211工程"、"985工程"重点建设单位,以下简称中心、研究院)的相继成立,更是给我们的理论研究提供了很好的科研平台与制度保障。

从21世纪初开始,中心、研究院师生的研究首先讨论了农民进行生产经营合作的必然性和农民合作社发展的变革态势(黄祖辉,2000),介绍了合作社组织的思想宗旨(林坚、王宁,2002)与本质规定性(徐旭初,2003),辨析了国内对农民合作组织的认识误区(黄祖辉、Olof Bolin、徐旭初,2002),促使国内理论界和实践领域开始正确认识农民合作组织,极大地推动了农民专业合作经济组织的发展(黄祖辉、徐旭初,2003)。随后,在理论上深刻揭示了农民合作组织发展的影响因素(黄祖辉、徐旭初、冯冠胜,2002),尝试以浙江为基础解析农民专业合作组织的实践情况(郭红东、黄祖辉,2001),剖析农户参与合作组织的意愿(郭红东、钱崔红,2004;郭红东、方文豪、钱崔红，2005)，分析影响农民参与合作组织行为的因素(郭红东、蒋文华，2004)，考察合作组织在实施农产品质量控制等方面的作用(卫龙宝、卢光明，2004)，并尝试基于政府的立场，提出农民专业合作经济组织应如何发展完善与创新的思路(郭红东，2002；郭红东，2003；郭红东等，2004)。应该说，在这个阶段，对于农民专业合作组织的理论研究工作奠定了中心、研究院在国内合作社理论界的基础地位，也促使浙江省农业厅等相关政府部门与我们展开深入合作，推动农民专业合作社在浙江省的立法工作。为此，中心、研究院一方面积极宣传介绍以北美为典型的国外合作社实践经验(郭红东、钱崔红，2004a；郭红东、钱崔红，2004b)，系统梳理国外最新的合作社研究理论成果(郭红东、钱崔红，2005)，同时，中心、研究院也与政府部门合作，高规格举办了农民合作组织的制度建设和立法安排国际学术研讨会(2005)，阐述了合作社的制度与立法问题，并进行了国际间的比较(徐旭初、黄祖辉，2005)，为《浙江省农民专业合作社条例》的起草和最终出台奠定了扎实的理论基础。《浙江省农民专业合作社条例》的立法经验也直接推动了《中华人民共和国农民专业合作社法》的出台(徐旭初，2005)，中心、研究院的老师也为《中华人民共和国农民专业合作社法》的出台做出了重要贡献。浙江省和全国农民专业合作社的立法实践反过来也进一步推进了中心、研究院对于合作社组织制度安排等主题的深入研究，中心、研究院师生先后探讨了合作社的产权安排(徐旭初，2006；林坚、黄胜忠，2007)、治理结构(黄祖辉、徐旭初，2006；邵科、徐旭初，2007)等问题，并尝试用交易费用理论等厘清合作社与投资者所有企业的边界(林坚、马彦丽，2006)，解释合作社组织的集体行动逻辑(马彦丽、林坚，2006)。

这一阶段，中心、研究院的师生也没有忽视对农业产业化经营问题的理论探索。有些研究者在尝试使用契约理论分析、解析农业产业化经营的契约与组织形式问题(黄祖辉、王祖锁，2002；吴秀敏、林坚，2004)，有些研究者展开了对农业(农产品)行业协会问题的研究，通过对国外相关发展经验的介绍(黄祖辉、胡剑锋，2002)，对行业协会的特征、促进农业产业化经营的价值进行解析(郭红东，2002；胡剑锋、陆文聪，2004)，试图提出我国农业行业协会的建设思路(胡剑锋、黄祖辉，2004)。更核心的研究主题——

方面来自于从农户视角研究农业产业化经营问题(陆文聪、西爱琴,2005),聚集关键的农业龙头企业与农户的订单安排等利益联结机制问题(郭红东,2002;郭红东、蒋文华,2007);另一方面从农业龙头企业自身的发展维度,如治理结构安排、核心竞争力培育等进行理论聚焦(辛焕平、和丕禅、娄权,2006;彭熠、和丕禅、邵桂荣,2005;彭熠、和丕禅、邵桂荣,2006)。应该说,通过这段时间的努力,中心、研究院研究者清晰地认识到,要想进一步推动农业产业化发展水平的提升,既需要充分利用民间资本助力农业产业化(彭熠、黄祖辉、王健,2005;彭熠、和丕禅、李勇,2006),又需要嵌入于供应链视角发展农业产业化(张静、傅新红,2007),更需要协调发挥行业协会、公司、合作社等组织在农业产业化中的作用(郭红东、蒋文华,2007),其中农民专业合作社的作用尤为基础和关键。

随着2007年国家《农民专业合作社法》的颁布实施,中心、研究院师生进一步提高了对农民专业合作社重要性的认识,成立了中国农民合作组织研究中心(CCFC),创设了中国农民合作社研究网(www.ccfc.zju.edu.cn),强化了对合作社组织的理论研究。首先,正如2008年中心、研究院与国际劳工组织、农业部经管司(经管总站)等单位共同举办的"中国农村改革30年:中国农民合作经济组织发展国际研讨会"所达成的会议共识,研究者清晰地指出了与西方传统合作社的发展环境、成员与组织特征相比,中国当下的农民专业合作社发展有了新的形势(徐旭初,2008;徐旭初、邵科,2009;徐旭初、吴彬,2009),中国的农民专业合作社发展开始嵌入于供应链管理的环境(徐旭初,2007),合作社的本质性规定在中国发生了不同程度的飘移(黄祖辉、邵科,2009),新形势下的农民专业合作社发展面临多重困难与挑战(张忠根、王玉琳,2009),多类型的农民合作组织在中国具有存在的必然性(黄祖辉,2008),但仍然需要坚持市场化、专业化的合作社发展价值取向(黄祖辉、邵科、徐旭初,2010)。

其次,中心、研究院师生将更多的研究精力投入到对农民专业合作社组织制度安排与发展成长问题的研究。在组织制度安排上,治理结构与运行机制主题(黄胜忠、徐旭初,2009;吴彬、徐旭初,2013)、组织效率(绩效)问题(黄祖辉、梁巧,2009;黄祖辉、邵科,2010;黄祖辉、扶玉枝,2012;扶玉枝、黄祖辉,2012)是研究者重点聚焦的问题,产生了一批有分量的成果(黄胜忠、林坚、徐旭初,2008;黄祖辉、扶玉枝、徐旭初,2011;黄祖辉、扶玉枝,2013)。在组织发展成长上,中心、研究院师生重点关注了合作社成长、服务功能实现与纵向一体化经营的影响因素(郭红东、楼栋、胡卓红、林迪,2009;刘颖娴、郭红东,2012;黄祖辉、高钰玲,2012),注意到了农民专业合作社存在的融资难问题正在影响着组织的发展壮大(郭红东、陈敏、韩树春,2011),一些合作社在资本的控制下呈现出功能弱化的趋向(崔宝玉、李晓明,2008;崔宝玉、张忠根、李晓明,2008),当前需要允许农民专业合作社尽快开展信用合作试点(徐旭初,2011)。中心、研究院师生也非常重视基于成员视角研究成员参与行为的特征、影响因素,观察成员参与对合作社满意度等的影响(郭红东、杨海舟、张若健,2008;郭红东、袁路明、林迪,2009;蔡荣、韩洪云,2012;黄祖辉、高钰玲、邓启明,2012;邵科、徐旭初,2013)。

由于农民专业合作社的发展壮大,合作社在农业产业发展中的功效逐步显现,除了带领农户参与大市场、应对供应链的集体行动(黄祖辉、梁巧,2007;施晟、卫龙宝、伍骏骞,2012),其在农业生产标准化推广、技术贸易壁垒应对等方面的作用也不断凸显(赵建欣、崔宝玉、祁国志,2008;周洁红、刘清宇,2010),农民专业合作社正在改变农户的生产行为和收益情况(蔡荣,2011;蔡荣、韩洪云,2012)。

总体而言,面对不同于经典模式、反映中国时代特征的农民专业合作社发展(徐旭初,2012),中心、研究院师生借鉴委托—代理理论、交易成本理论等理论(梁巧、黄祖辉,2011),围绕农民专业合作社的组织制度安排、成员参与、产业带动等层面进行了非常有价值的探索,成为国内研究农民专业合作社的重镇。

实际上,最近十年来,中心、研究院老师在农业产业组织与农民合作社领域展开理论研究的同时,也培养了一批优秀的从事相关研究的博士生。以郭红东(2005)为代表,一些硕士、博士研究生围绕农业产业化主题分析了农业龙头企业与农户订单安排及履约机制等问题。以徐旭初(2005)为代表,另一批硕士、博士研究生围绕合作社主题对农民专业合作社的制度等进行了理论解析。而随着《中华人民共和国农民专业合作社法》的颁布实施、农民专业合作社的快速发展,中心、研究院硕士、博士研究生对农民专业合作社的理论研究更为深入,这套"农业产业组织与农民合作社研究系列丛书"正是其中的一部分代表性成果。

我们希望,在 2012 年全国农民专业合作社达到 68.9 万家,实有成员 5300 多万户,各类产业化经营组织超过 30 万个,带动农户达 1.18 亿户的新形势下,这批专著的出版能够进一步推动理论界的相关问题研究进展,吸引更多学人关注和参与分析讨论,也进一步促进农民合作社和其他农业产业组织的实践发展。同时,我们也意识到,即将出版的这几本专著由于各种主、客观原因,还存在一些问题和缺陷,因此殷切期盼读者能够提出批评指正,促使我们这些年轻的学人能够在未来的理论与实践研究中改进提高。

本系列丛书的出版得到了浙江大学国家"985 工程"三期项目的支持,得到了国家自然科学基金重大国际(地区)合作研究项目"全球化背景下中国农民合作组织发展:运营模式、治理结构与比较研究"(项目号:71020107028)和国家自然科学基金农林经济管理学科群重点项目"农业产业组织体系与农民合作社发展:以农民合作组织发展为中心的农业产业组织体系创新与优化研究"(项目号:71333011)的资助,在此一并表示感谢。我们还要感谢浙江大学出版社的编辑们为本系列丛书的出版所付出的辛勤劳动。

黄祖辉

2013 年 12 月于浙大华家池

目　录

图目录

表目录

1　绪　论

1.1　提出问题

随着全球化进程的推进,国际农业和食品体系正经历着重大的变革。这种变革包括从自给自足到商品化生产,从"沿街为市"到现代零售业态,从食物短缺到饮食多样化,从食不果腹到注重营养健康等诸多方面。然而,与新兴的零售业态以及人们对农产品质量安全日益提高的诉求不相匹配的是分散、高能耗的农产品生产体系与繁杂低效的农产品流通体系。高质量需求与低质量供给造成了部分农产品的数量型结构性过剩。

小农户如何适应全球经济一体化是发展中的经济体,尤其是以小农户为主要生产单位的发展中国家和地区不可回避的问题。小农户参与市场的行为不仅事关经济发展,也关系着消除贫困这一世界性的难题。传统农产品生产者参与市场的难度不容低估,其既是经济发展的后果,同时也是制约经济进一步发展的原因。

单单是适当的价格体系,并不能诱导出一个普遍惠及小农户的、提高农民福利水平的市场参与体系。除了农户必须掌握的先进生产技术和必要的农业投入外,政府对道路交通、市场设施、市场信息、制度安排等物质与非物质公共物品的投入水平,也影响着农户的市场参与程度,以及一个竞争性的、运转良好的农产品交易市场的形成。

从低下的生产率、半自给自足的传统农业,向高生产率、商品化生产的现代农业的转变,正是近半个世纪甚至更长时间以来农业经济乃至整个经济发展的核心内容,可谓一场真正意义上的"农业的转型"。改革开放30多年以来,我国极大地解放了农村生产力,市场体制改革成效突出,但不容争辩的事实是,我国农户仍然面临着低端农产品的卖难问题。在农产品生产者进入市场时面临的诸多难题当中,最为突出的问题之一便是高昂的交易费用,这是一组伴随着交易产生而产生的部分可观测和部分不可观测的费用。

值得庆幸的是,在经济实现飞速发展的同时,国内外理论界也对农业和食品供应链的发展给予了热切的关注。虽然以往研究更多地集中在由零售业态的变革和消费者的质量安全需求等下游"拉力"因素引起的产业"共振",以及对产业链中下游组织结构的关注上,对上游农户及农户直接面对的市场关注相对较少,但是新制度经济学派就交易费用与契约的关系做出了具有创造性且影响深远的阐释。将交易的类型与不同的契约关系结合起来考察,成了交易费用经济学的主要研究对象,理论上的突破也为实证研究提供了基本依据。

理论界对交易费用的测量历来存在争议。本书在细致的访谈的基础上形成了翔实的数据库,并进行了经验研究。以河北省和浙江省梨果种植农户的生产和销售行为为例,研究交易费用对梨农选择不同契约模式的影响。在对交易费用的经验研究中,本书属于微观交易费用研究,即在制度(或体制)已定的情况下考察典型市场交易的费用问题,而非宏观交易费用研究(即制度或体制运行的交易费用)。本书考察的契约选择,既包括正式的契约即合同农业,又包括广义的契约即市场交易。鉴于目前梨果产业中极少采用正式的合同农业方式,本书更为关注交易费用对农户选择不同市场交易方式的影响。

不同性质的农产品由于交易方式不同而产生的交易费用也不同。在研究对象方面,前人已对牛肉、土豆、西红柿、谷物和苹果等农产品作了分析,但在研究方法和研究视角方面却有待进一步深入。梨是中国种植面积和产量最大的传统水果之一,也是种植区域最为广阔的水果之一。中国梨果产量位居世界第一位,年产量达1260万吨。梨果出口量也在迅速增长,居世界第二位,紧随世界第一的阿根廷。尽管近年来梨果产量和出口量都在激增,但出口所占比例仅为总产量的3%,绝大多数的梨果供国内市场消费。梨果仍然是典型的以一家一户的小规模种植为主的传统水果,大型规模化种植较为罕见。分散的小农户生产方式与现代零售业的发展之间的矛盾日益突出,多而繁杂的流通环节是否攫取了本该属于生产者的利润?交易费用是否会影响到小农户的销售决策？在生产能力既定的条件下,不同类型的小农户应该匹配怎样的交易方式？是否能够通过节省交易费用达到间接增加小农户收益的目的？诸如此类的问题,都是很值得引起关注并进行深入研究的。

1.2 研究目的

在理论方面,本书是对主流经济学现有研究成果的应用,在理论上对可能影响农户选择不同契约的因素进行推导,并构建了理论模型,借助数理模型和计量工具进行了经验检验。本书侧重于对农户选择不同契约形式的交易费用这一存在争议且难以量化的因素进行经验研究,验证交易费用对农户的契约选择行为具有重要影响这一假说是否成立。本书试图在农户市场交易选择理论模型的构建和交易费用的量化等方面开展一些具有创新性的研究。

在应用方面,本书的分析源于现实,借助理论工具的目的在于对现实问题给予合理的解释,揭示相应的政策含义。本书有助于更好地理解梨果产业的流通渠道、组织方式、利益分配、制度安排,有助于理解交易费用对农户选择不同的契约形式的影响,有助于洞悉生产和销售阶段的效率以及交易费用支出对农户收益的影响。总之,本书力争对构建通畅的农产品流通体系、提高农户经营能力和收入水平等方面的政策制定有所助益。

1.3 概念界定

1.3.1 交易费用的概念

对于"交易"这个基本术语,Williamson(1985)的论述是,"交易之发生,源于某种物品或服务从一种技术边界向另一种技术边界的转移。此时,一个行为阶段结束,另一个行为阶段宣告开始"。Commons(1934)关于"交易"的论述则是,"个人之间分割和获取对有形物品未来的所有权"。两种论述均提及交易即是资源的转移。

交易费用可以划分为"市场型交易费用"、"管理型交易费用"和"政治型交易费用"。每种类型的交易费用都涉及两个变量:一是"固定的"交易费用,即建立制度安排所做出的具体投资;二是"可变的"交易费用,即随交易数目或规模不同而产生的具体费用。

本书关注的是"市场型交易费用",Coase(1937)对此的论述是,"为了进行市场交易,有必要去发现谁希望进行交易,有必要告诉人们交易的愿意和方式,以及通过讨价还价的谈判缔结合约,督促合约条款的严格履行,诸如此类"。因此,市场型交易费用可以划分为:合约的准备费用,即搜寻交易对象和获取信息的费用;决定签约的费用,即达成交易的谈判费用和决策费用;以及监督费用和合约义务的履行费用。

1.3.2 契约的概念

"契约"一词对应于英文中的"contract",又被称为合同、合约、协议或订单等。其本意为"自愿协作和自由合意","契约"本身作为一种合意,按照该合意,一人或数人对他人或数人承担给付、作为或不作为的债务。经济学中的"契约"有着较法学更为宽泛的内涵。所有的交易,无论短期或长期,显性或隐性,都可以看作是一种契约关系,并且是经济分析的基本要素(Coase et al.,2006)。具体而言,在本书中,"契约"由与梨果生产农户直接交易所面临的不同交易渠道来反映。

1.3.3 农户的概念

本书关注的不是所有"以血缘关系为基础而组成的从事农业生产经营活动的农民家庭",而是种植梨果并出售梨果以获得收入的个体经济单位,不包括农村集体农场、国有农场及企业性质的农场。

1.4 研究思路

按照威廉姆森的划分,经济学可以分为以新古典经济学为代表的"选择科学"和以新制度经济学为代表的"契约科学"。威廉姆森用资产专用性程度、交易频率和不确定性三个维度将所有的交易划分为三种契约,即古典契约、新古典契约和现代契约。相对于新古典微观经济学及激励理论和机制设计理论中的"完全契约"而言,新制度经济学中的契约通常是指"不完全契约"。不完全契约理论有两大重要分支,一是以其集大成者威廉姆森为主要代表的交易费用经济学(TCE),二是以奥利弗·哈特为代表的产权理论(PRT)[①]。不完全契约产生的根源,其一在于有限理性,其二则是交易费用的存在。本书沿循交易费用经济学的路线,按其基本逻辑将每一次市场交易都视作一种契约关系,研究交易费用与农户契约选择问题。

1.5　结构框架

本书共 8 章,章节的安排概述如下:

第 1 章为绪论。主要交代了本书研究的现实背景和理论基础,并引申出研究问题,阐述本书的研究目的,界定基本概念,确立本书的研究思路,陈述本书可能的创新之处等。

第 2 章为理论研究的文献综述。主要回顾交易费用经济学和契约选择理论的经典学说,并分析已有研究框架可供改进之处。

第 3 章为经验研究的文献综述。主要是对国内外关于交易费用测量的研究进行了简要评述,重点概括了国内外农业经济领域涉及交易费用与契约选择方面的经验研究成果。

第 4 章为对本书实证分析框架和研究设计的介绍。包括实证框架的构建及本书数据收集的详细过程,如对样本区域的确定、抽样方法、问卷结构和数据采集过程的描述。

第 5 章为梨果流通渠道与契约模式研究。主要是对我国及发达国家和台湾地区水果流通体制改革的回顾,介绍了全国及样本省区梨果产业的概况,并重点运用价值链分析工具对河北省和浙江省梨果产业的价值链进行了系统的剖析,详细分析了梨果生产和销售相关阶段的成本构成、增值比例和利润分配。在此基础上,总结出可供梨农选择的契约模式的主要类型,并构建了两阶段梨果价值链模型。此外,还运用数据包络分析方法(DEA)评价了不同契约模式的技术效率。

第 6 章为理论假说的检验。本书提出的基本假说认为,交易费用是影响

---

① 聂辉华.新制度经济学中不完全契约理论的分歧和融合——以威廉姆森和哈特为代表的两种进路[J].中国人民大学学报,2005(1):81—87.

农户选择不同契约模式的重要因素,本部分将对该假说进行验证。本部分首先引入了目前本领域最为成熟的一个数量模型,然后详细总结了已有研究在测度交易费用时采用的各类指标,在分析其利弊之后,提出了适合本书所考察的梨果销售的交易费用衡量指标体系。在计量检验方面,本书总结了该领域研究中前人使用过的计量模型,并尝试使用以往研究尚未采用的 Multinomial Logit 模型进行估计,以验证交易费用是影响农户选择不同契约模式的重要因素这一基本假说是否成立。

第 7 章为交易费用与契约选择的案例研究。在验证了交易费用是否是影响农户选择不同契约模式的重要因素后,本部分转而分析特定的契约安排能否起到节省交易费用的作用。本部分运用案例分析方法,解剖浙江省杭州市余杭镇蜜梨专业合作社实施合同农业的案例,探讨农民专业合作社这一特定的制度安排所采用的正式契约模式对交易费用的节省作用。

第 8 章为研究结论、政策含义及研究展望。本部分将对本书的主要研究结论进行高度凝练,并在此基础上提出相应的政策建议。本书的最后部分阐述了研究有待进一步完善的地方和可供进一步研究的方向。本书技术路线见图 1.1。

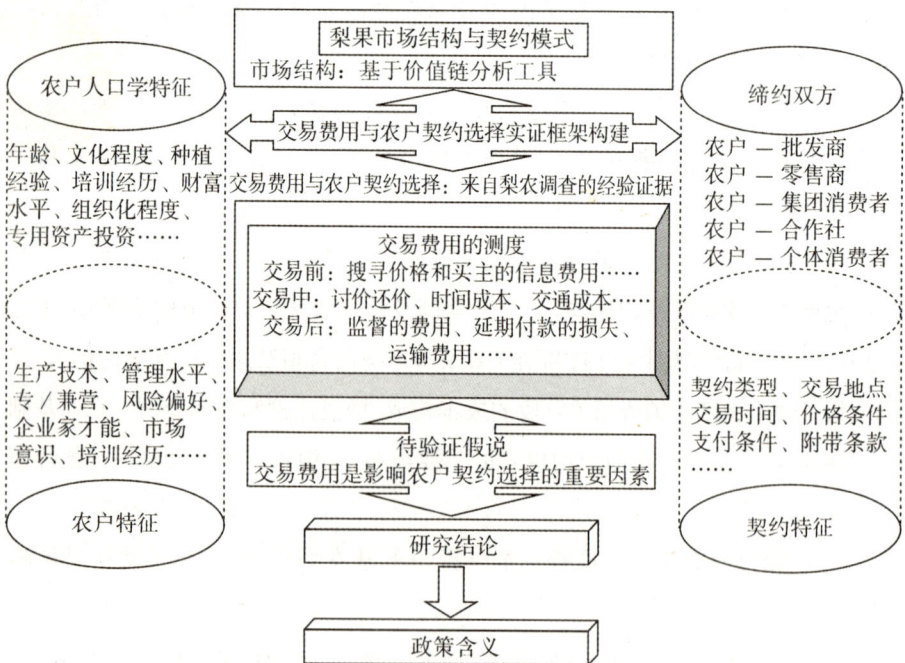

图 1.1　本书技术路线

1.6 可能的创新之处

本书力争在以下几个方面与以往的研究有所区别或改进。

在研究内容上,将交易费用的测度与契约选择结合起来分析是一项探索性的工作。交易费用的量化是学界公认的难题,如何测度一直颇有争议。本书姑且粗浅地做出些许尝试。对交易费用的测度难,一是难在不同层面、不同行业、不同行为的交易费用千差万别,难以归纳在同一套体系之中。二是难在理论上没有成熟的支撑体系,新制度经济学的传统做法是从资产专用性、交易频率和不确定性三个维度研究交易费用,但该做法在实证研究中难以模型化。三是难在数据收集过程上,不同于生产费用的清晰可辨,交易费用往往容易被当事人忽略,从而较难以计量。有鉴于此,本书从一个较小的切入点着手,选取一个特定的行业研究一种类型的交易费用,即选取梨果行业研究市场型交易费用。本书对梨果行业的细致解剖使得对交易费用的测度更为细腻和有的放矢,既考虑了理论研究成果的最新进展,又注重对现实情况的深入观察,还兼顾了数据的可得性。与已往大多数研究孤立地测度交易费用不同,本书重点从交易费用对农户契约选择的影响的角度,从比较的视角研究交易费用,研究结论更具现实指导意义。

在研究方法上,本书建立了两阶段梨果价值链模型,并使用数据包络分析方法(DEA)测量生产和销售这两个阶段的技术效率,与传统的成本收益分析方法相比,该测量方法更为直观和精确。基于本书提出的"交易费用是影响农户选择不同契约模式的重要因素"这一基本假说,构建了交易费用与契约选择的实证分析框架,建立了从信息成本、谈判成本、执行成本、运输成本四个维度测度交易费用的指标体系。类似的研究曾使用 Ordered Probit 模型、Tobit 模型和 SUR 系统来研究交易费用与农户销售渠道的选择问题,上述模型的不足之处在于对因变量的设置稍显牵强。因此,本书尝试使用在交易费用与契约选择研究中尚未使用过的 Multinomial Logit 计量模型进行估计,该模型在因变量设置方面与研究问题更加匹配,对计量结果的解释也更为直接。

2 文献回顾：经典学说与理论框架

2.1 国外关于交易费用的理论研究

2.1.1 交易费用：从"引而不用"到"可以证伪"

Coase(1937)在其开创性的论文《企业的性质》中，首次提出了"交易费用"的概念，但此后长达30年的时间里，"交易费用"概念一直处于"引而不用"的尴尬境地。原因在于，"交易费用"通常被认为是一个"大而化之"的概念，无法量化，难以进行实证检验。此后，威廉姆森通过用资产专用性、交易频率和不确定性来刻画交易和度量交易费用，引入"比较制度视角"或称"分立的结构选择分析法"，使交易费用概念逐步成为一个可以证伪的概念，并在此基础上建构了交易费用经济学这一得到广泛经验检验的新制度经济学分支。威廉姆森在其集大成之作《资本主义经济制度》中，沿循交易为最基本的分析单位这一思路，将所有交易还原为不完全契约，不同的契约根据其属性不同，分别对应不同的治理结构，继而通过比较不同的治理结构的交易费用，进行比较制度分析(聂辉华，2004)。

2.1.2 交易费用产生的原因

威廉姆森将产生交易费用的原因归结为两组因素：一组是人的因素，即人的有限理性和机会主义倾向；另一组是"交易特征"，包括资产专用性、交易频率和不确定性。马斯腾(2005)对此进行了详细的阐述：

人的因素方面。有限理性，指尽管个体期望以理性的方式行动，但个体的知识、预见、技能和时间等都是有限的，这一切都会阻碍个体采取完全理性的行动(Simon,1957,1961)。由于有限理性的存在，个体不可能在瞬间解决所有的复杂问题，也无法预知未来所有可能发生的事；对于所预见到的突发事件，他们也不能总是计划周详并有效地做出恰当的反应。此外，由于每个人都有这一局限性，故不存在能为交易者提供帮助的、准确且廉价地解决协议纠纷的全知全能的第三方。机会主义行为倾向(Williamson,1975,1979)，指交易者背信弃义、合同欺诈、逃避责任、规避法律、钻空子的意愿，或者其他各种为了尽可能榨取更大份额的交易租金而利用交易对手弱点的意愿和行为。

交易特征方面。资产专用性包括四种形式(Williamson,1983)：一是物质资本专用性(Physical-asset Specificity)，指专为特定用户设计制作工具或模具等装备的投资而产生的专用性；二是场地或区位的专用性(Site or Location Specificity)，当买主或者卖主将其设施建立在毗邻对方的地方以节约运输成本时，就产生了这种专用性；三是人力资本的专用性(Human-asset Specificity)，如果交易者习得的技能或知识只在与特定商业伙伴交易时才有价值，而在该关系之外价值就会减少，那么就会产生这种专用性；四是特定资产专用性(Dedicated Assets)，为维持与特定顾客的生意往来而进行的投资，即使不是专用于该顾客的，一旦该顾客终止采购，也会使这种产品的生产能力出现过剩。

交易的频率是指交易发生的次数，交易治理结构的成本取决于交易频率，多次发生的交易相比一次性交易而言，治理结构的成本更容易被抵消。

交易的不确定性是指交易双方既要面临环境和市场发生变动的可能性，又要面临交易双方行为出现变化的可能性。一般而言，一次性交易不确定性影响较小，长期交易不确定性影响较大。

2.1.3 市场型交易费用

由于本书针对市场型交易费用展开讨论，因此有必要就交易费用的典型情形即使用市场的费用展开较为详细的讨论。使用市场的费用可分为合约的准备费用(搜寻和信息费用)、决定签约的费用(谈判和决策费用)以及监督

费用和合约义务的履行费用(弗鲁博顿、芮切特,2006)。具体而言,包括:

(1)搜寻和信息费用。要进行一次具体的市场交易,一个人必须搜寻愿意与他进行交易的那个人,这种搜寻的过程不可避免地会产生费用。这些费用的产生可能是因为需要发生直接的支出(做广告、拜访潜在的客户等),或者因创造有组织的市场(股票交易、展览会、每周集市等)而间接产生的费用,或者在有可能达成交易的双方之间所进行的沟通费用(邮递费、电话费支出和销售员的费用支出等)。此外,还包括收集不同供给者对同一件产品的开价信息所花费的费用,以及检测和质量控制方面所涉及的费用。对于服务交易,质量控制包括对服务提供商的资历认证以及是否按要求进行评估。当然,服务领域中的一个主要问题是搜寻合格的雇员,这一活动不仅费用越来越高,而且耗时也越来越长。从理论上来讲,关于搜寻和信息费用问题,可以通过某种形式在信息经济学这一特殊领域进行处理。这里且不考虑其他,使用资源以获取信息显然有助于决策制定者避免出现成本高昂的失误。

(2)讨价还价和决策费用。这类费用与签约时相关各方就合约条款进行谈判和协商所必须支付的费用有关。这一过程不仅耗时,而且可能还需要求助于昂贵的法律程序。在信息不对称的情形下(即谈判各方具有私人信息),无效率的结果就会出现。在某些特殊的情形下,合约在法律上或多或少有些复杂,相应地,谈判也会或多或少存在一些困难。决策费用包括处理收集到的信息所涉及的费用、支付顾问的费用以及团队内部形成决策的费用,等等。这里应该指出,正如其他领域一样,合约的复杂性及其所涉及的费用一定程度上取决于市场竞争。

(3)监督和执行费用。这些费用的产生是因为交货时间需要监督、产品质量和数量需要度量,等等。信息在这里具有重要的作用。度量交易的价值属性涉及费用,保护权利和执行合约的条款会产生费用。仅就监督和执行存在高昂的费用而言,违约的发生在某种程度上将是不可避免的。当然,合约各方的欺骗或机会主义行为会导致不良后果。这种行为不仅具有再分配效应,而且还会造成总产出水平或福利水平的损失。机会主义行为可以通过适当的制度安排来避免,但其本身会带来巨大的制度运行成本。威廉姆森在其有关事后和事前签约行为的讨论中考察了这类问题。

2.2 国外关于契约选择的理论研究

对不同时期契约特征的概括，反映了契约理论发展的主线与演进的过程。具体来说，古典契约与新古典契约、新古典契约与现代契约的概念都是不一样的。[①]

（1）古典契约思想的主要特点

第一，契约的自由性。契约是具有自由意志的交易当事人自主选择的结果，当事人所签订的契约不受任何外来力量的干涉。古典契约论的这一特点，既体现出了自由选择的思想，又体现出了反对政府或立法机构控制和干预的思想。

第二，契约的不连续性。在古典契约中，没有持久性的通过契约建立起来的合作关系。"在交易中，各种各样的代理人彼此互不了解，当交易完成时，所有的代理人都会引退并自己依靠自己。良心只在表面上接触。"

第三，契约的即时性。由于个别性的契约对交易当事人的权利、责任、义务作了明确的规定，协议条款是明确的，不需要对未来的事件做出规划，因此，契约的谈判、签订、履行都现时化了。此外，契约对违约当事人的赔偿方式的限制也是十分清楚的。古典契约理论是与古典经济学的形成、发展、成熟相一致的，同古典经济学的缺陷一样，有其局限性。

（2）新古典契约理论的主要特点

第一，契约的抽象性。无论在瓦尔拉斯交易模型中，还是在埃奇沃斯契约曲线上，任何契约既是交易当事人卖者喊价的结果，又是交易的均衡点。契约成了实现均衡的手段。从本质上说，这种契约已经剔除了古典契约中的伦理道德因素，变成了市场自然秩序的结果。这与达尔文的进化论思想几乎是一脉相承的，即契约是交易当事人反复摸索、调整的结果。

第二，契约的完全性。新古典的契约是在有秩序、不混乱、没有外来干扰的情况下顺利完成的。这主要体现在，契约条款在事前都能明确地写出来，

---

① ［美］科斯，哈特，斯蒂格利茨，等. 契约经济学［M］. 李风圣主译. 北京：经济科学出版社，1999.

在事后都能完全地被执行,当事人还能够准确地预测在契约执行过程中所发生的不测事件,并能对这些事件做出双方同意的处理;当事人一旦达成契约,就必须自愿遵守契约条款,如果发生纠纷,第三者能够强制执行契约条款。在新古典契约理论中,契约对当事人的影响只限于在缔约双方之间发生,对第三者不存在外在性;每一契约当事人对其选择的条款和契约具有完全信息;且存在足够多的交易者,不存在某些人垄断契约签订的情况;契约签订和执行的成本皆为零。

第三,契约的不确定性。如何将不确定契约转换成确定性契约,是新古典契约理论的重要研究内容。在新古典契约中,这种转换可分为事前和事后两类。事前的不确定性风险可以通过不同类型的保险来转换,事后的不确定性风险可通过第三者的事后契约调整来实现。

(3)现代契约理论

现代契约经济学的研究是从一整套概念、范畴和分析方法开始的。在契约研究的过程中,还构建了一系列模型和公式,并区分了不同的契约类型。现代契约理论首先区分了完全契约和不完全契约。不完全契约的存在一是源于有限理性,二是源于交易费用。以 Alchian 和 Demsetz(1972)、Jensen 和 Meckling(1976)、Ross(1973)、Holmstrom(1979)以及 Gossman 和 Hart(1983)等人的经典研究为代表,经济学家们发展出了一个专门的"契约理论",来分析完美市场之外的契约,尤其是长期契约(杨瑞龙、聂辉华,2006)。

2.3 国外关于交易费用与契约匹配的研究

威廉姆森在描述和区分了交易性质后,进一步分析了不同类型的交易与不同契约安排和治理结构之间的匹配问题。威廉姆森根据交易具有的主要特征,对其进行了以下分类:(投资)专用性、不确定性和(交易的)频率。任何制度皆存在相当大的不确定性,资产专用性和交易频率是影响选择的主要因素,通过考查各参与方的交易频率以及专用性投资的水平,可以了解更多关于组织和治理结构的信息。根据现有的具体频率和投资结构,可以区分出四种类型的治理结构,如表 2.1 所示。

表 2.1 交易特征与契约安排匹配

		投资特征		
		非专用	混合	专用
交易频率	偶然	市场治理 （古典契约）	三边治理 （新古典合约）	
	重复		双边治理 （关系型合约）	一体化治理 （企业）

资料来源：Williamson，O. E. *The Economic Institutions of Capitalism*：*Firms，Markets，Relational Contracting*. New York：The Free Press，1985.

2.4　国内关于交易费用与契约选择的理论研究

关于交易费用的定义。张五常在《新帕尔格雷夫经济学大词典》"经济制度与交易费用"条目中对交易费用的定义是："广义而言，交易费用是指那些在鲁宾逊·克鲁索（一人世界的）经济中不能想象的一切成本，在一人世界里，没有产权，也没有交易，没有任何形式的经济组织。"[①]汪丁丁（1995）对张五常关于交易费用的定义提出了批评，他指出："这个定义显然不是建构性的。因为它只能说明哪些成本不是交易费用，而不能说明哪些成本是交易费用。"但也有学者质疑交易费用的概念正在被无限泛化，刘向东（2004）提出，交易费用与流通费用概念在理论范式、研究方法、概念性质、研究对象与构成等多个方面有着明显的区别，对交易费用概念的泛用，会严重冲击马克思主义流通理论的研究和发展。作者主张借助新制度经济学交易费用这一理论分析工具，发展流通费用这个马克思主义经济学的基本理论范畴，并比较了交易费用与流通费用的关系，如表 2.2 所示。

---

① 汪丁丁. 从"交易费用"到博弈均衡[J]. 经济研究，1995(9)：72—80.

表 2.2　交易费用与流通费用的关系

广义交易费用	生产费用
一、拥有和运用产权的各种费用	直接生产费用
1. 各种排他费用	
2. 协调费用	
（1）交易费用	
a. 外生交易费用	
流通费用——（纯粹流通费用）——	生产性流通费用
b. 内生交易费用	
（2）组织费用	
二、服从费用	
三、代理费用	

资料来源：刘向东.流通费用与交易费用的区别与联系——兼论流通费用范畴的发展[J]. 中国人民大学学报,2004(2)：46—52.

在此基础上,作者进一步归纳了流通费用与外生交易费用和内生交易费用的关系,如图 2.1 所示。

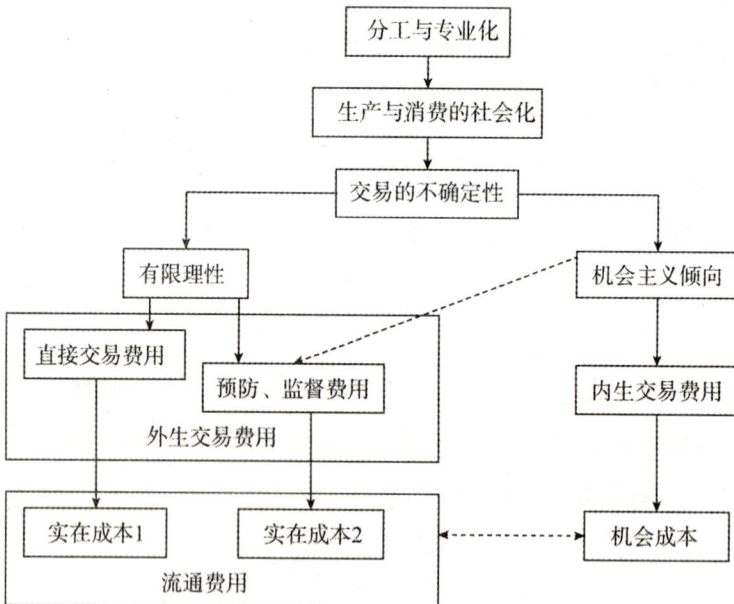

图 2.1　流通费用与外生交易费用和内生交易费用的关系

资料来源：刘向东.流通费用与交易费用的区别与联系——兼论流通费用范畴的发展[J]. 中国人民大学学报,2004(2)：46—52.

关于交易费用的测量。卢现祥等（2006）提出，可把交易费用的测量分为两个层次：一是制度或体制运行的交易费用，不同的制度下交易费用是存在差异的；二是在既定制度下测量商品或劳务的标准及技术变化引起的交易费用，如货币、国家度量衡的统一，政府制定的产品标准等。第二个层次的交易费用实际上是在制度（或体制）已定的情况下的交易费用，在既定的体制下我们可以考察每笔交易的费用，也即交换费用。前者是从宏观层次对交易费用的测量，后者是从微观层次对交易费用的测量。把交易费用的测量分为两个层次至少可以解决交易费用在概念定义上的差异，以及生产费用和交易费用是否被联合决定的问题。对于既定制度下每笔交易费用的测量，主要有两种方法：一是测量交换成本（每笔交易的交易费用），需要搞清具体交易中的交换形式、获得的商品、当事人的特征和环境状况。这种方法就是选择并详细描述某些交易，以使研究者能够测量在交易发生时所出现的时间或货币费用。然后，那些具有指定特征的当事人便可以被采访，以了解他们在交易过程中实际发生的时间或货币费用。二是测量个人交换他们对经济资产的所有权和确立其排他性权利的费用。

关于降低交易费用的制度安排。朱学新（2005）提出，中介组织是农产品流通中交易费用最低的一种制度安排，是降低农产品交易费用的最优制度选择。原因在于，在中介组织交易方式下，农户依然保持了较高的经营独立性，其组织内的交易费用与完全市场交易相比差距不大，但在市场交易费用方面，由于中介组织与农户间互利性契约安排的存在，使不确定性、有限理性、机会主义、资产专用性等因素的实际影响降低，因而具有更低的市场交易费用。另一方面，农村经纪人是目前比较理想的一种农产品流通组织，由于农村经纪人是专业化的农产品流通组织，从业人员一般都是农村的"能人"，他们既具有丰富的交易经验和交易技巧，又熟悉市场信息和行情，因而可以有效地解决农产品交易的盲目性，帮助农户规避市场风险；同时，农村经纪人通过接受不同农户的交易委托，实现了交易的规模化，这在提高市场交易效率的同时，必然会大大降低农产品的交易费用，有利于增加农户收入。而农民合作经济组织和农村专业技术协会都不具备农村经纪人这种节约交易费用的优势。

国内关于农产品契约选择的研究大多针对正式契约，其中，周立群和曹利群(2002)就农业产业化经营中的契约选择做了大量卓有成效的研究工作。他们的研究表明,借助于专用性投资和市场在确保契约履行过程中的作用,龙头企业和农户之间的商品契约可以是相当稳定的,因而能够保证龙头企业长期支配农户的土地和劳动力等要素的配置,达到与要素契约相同的效果。在龙头企业与农户在要素契约与商品契约之间的选择问题上,作者认为,农业生产中直接采用要素契约需要满足一系列的前提条件,要素契约并不是唯一的选择。在农业产业化经营过程中,商品契约具有较强的适应性,稳定的商品契约同样能达到要素契约的目的。

吴秀敏和林坚(2004)认为,农业产业化经营中应采用要素契约还是商品契约,应视具体条件而定。如果农户的投资决策是无弹性的,农户的投资相对缺乏生产力,且龙头企业经营人员的人力资本是必要的,则适合采取要素契约;如果龙头企业的资产和农户的资产互为独立,则适合采取商品契约;如果龙头企业经营人员的人力资本和农民的人力资本都是必要的,则无论采取要素契约还是商品契约,都将更多地取决于龙头企业的意愿。

尹云松等(2003)根据5家农业产业化龙头企业的个案,分析了影响公司与农户间商品契约稳定性的因素。他们认为,契约软约束的存在降低了商品契约的稳定性,公司与农户间信息不对称的程度、博弈的次数也都会影响契约的稳定性。此外,农户的规模与产品专用性的强弱程度也会影响商品契约的稳定性,具体见表2.3。

表2.3 农户规模、产品专用性与商品契约稳定性的关系

	专用性弱的农产品	专用性中等的农产品	专用性强的农产品
公司与小农户的契约	不稳定	不稳定	非常稳定
公司与大农户的契约	比较稳定	非常稳定	非常稳定

资料来源:尹云松、高玉喜和糜仲春.公司与农户间商品契约的类型及其稳定性考察——对5家农业产业化龙头企业的个案分析[J].中国农村经济,2003(8):63—67.

生秀东(2007)认为,订单农业组织形式的演进和创新是破解订单农业高违约率难题的有效途径。借用广义交易费用概念,可以把交易费用区分为契约签订之前的事前交易费用和契约签订之后的事后交易费用。合作社能同时减少农户面临的事前交易费用和事后交易费用,进而减少农户的总交易费

用，也能减少公司所面临的交易费用。由于合作社具有降低双方交易费用的功能，其出现就是必然的，"公司＋农户"必然会向"公司＋合作社＋农户"的方向不断演进。

2.5　本章小结

本章从理论的角度梳理了关于交易费用和契约选择的经典理论和研究进展。在交易费用方面，包括了交易费用的定义、交易费用产生的原因、交易费用的类型、市场型交易费用的衡量维度等。新制度经济学关于交易费用与契约类型匹配的研究，是从交易频率和资产专用性两个维度出发得出的定性结论，但这种较粗略的划分在实证研究中很难被采用。要理解交易费用经济学，就需要理解以 Scott E. Masten 为代表的实证学派对威廉姆森交易费用理论的后续研究成果。在第 3 章，我们将总结关于交易费用和契约选择的实证研究成果。

3 文献回顾：经验考察与模型设置

3.1 国外关于交易费用与契约选择的经验研究

3.1.1 国外关于交易费用的经验研究

近年来,交易费用经济学的经验研究的覆盖面极为广泛。从传统产业组织的经典问题到社会学家、企业战略研究人员、产业组织理论研究者频繁强调的诸多问题,绝大多数现有的研究都从经验证据方面支持了交易费用经济学的理论体系。交易费用经济学的经验研究建立在一系列基本模型的基础上。例如,特定经济关系的组织有效形式是交易产权结构(包括资产专用性、不确定性、复杂性及交易频率)的函数。即将组织形式作为被解释变量,而资产专用性、不确定性、复杂性及交易频率等指标作为解释变量。尽管有时组织形式也被作为连续性变量,但通常都被构建或二元变量。而在诸多解释变量中,资产专用性是最难衡量的。

学者们采用诸多计量经济学的方法和历史学的方法来研究交易费用,大致可以归纳为三个方面:一是定性的案例研究,如 Williamson(1976)对加州奥克兰有线电视特许权的研究;二是涉及数量分析的案例研究,如 Masten(1984a)对大型航空航天企业合同的调查;三是截面数据的计量检验,如 Levy(1985)对跨产业的纵向一体化的研究。经验研究较多地集中在各种各样的案例研究上,这主要是因为交易费用经济学家所感兴趣的资产专用性、不确定性、交易频率等关键指标都是较难衡量的。

　　交易费用经济学的研究目标主要是解释现实中的契约安排，而经验研究试图解释的现实问题主要包括以下五个方面：纵向一体化、混同契约模型、长期商业契约、非正式协议、特许合约。交易费用经济学遭人诟病的缺陷之一在于，其难以进行经验检验。其中的原因可想而知：与实实在在的生产成本不同，交易费用往往难以脱离其他管理成本。经济制度的复杂性也使其运行成本难以计量。用于表现交易费用的数据并非通过政府常规统计或企业标准财务体系就可以轻易得到，这些指标需要通过问卷调查或访谈才能得到，在很大程度上受制于主观因素的影响。更为重要的是，采用量表得到的序数变量，在不同的产业之间无法进行横向比较。除了定量本身的困难以外，交易费用经济学的经验研究还常常受制于概念本身的模糊性，从而导致在计量时对变量的选择困难重重。好在不断深入的交易费用经验研究已使交易成本经济理论在一定程度上摆脱了这一窘境。

　　绝大多数交易费用经济学领域的经验研究都是对经典假设的验证（Williamson，1979，1991）。其往往以不同的组织模式作为被解释变量，以交易特征和其他控制变量作为解释变量。最为流行的实证方法是将三种概念模型，即市场、科层及中间组织作为被解释变量，中间组织包括合资企业（Klein、Frazer and Roth，1990）、关系合约（Palay，1984）、双边控制（Heide and John，1988）。Oxley（1999）研究了联盟中不同的治理模式，构建了一个从市场到科层的治理结构图，包括从单边合约（如单边许可证合约、长期供应合约及研发合约等）到双边合约（如技术共享合约、交叉许可证合约等）再到联盟（如合资企业等）。

　　大量的经验研究验证了专用性投资与人力资本对契约选择的影响（Monteverde and Teece，1982；Anderson，1985；Monteverde，1995）。对于"不确定性"，经验研究中往往更关注"一次交易发生不可预测变化的可能性"（Noordewier、John and Nevin，1990），特别是"与交易有关的未来事件的环境发生变化"（Anderson，1985）。测量不确定性的工具包括"需求不确定性"（Heide and John，1990）、"技术不确定性"（Walker and Weber，1984）以及"供应商的不确定性"（Walker and Weber，1987）。对于"行为不确定性"的测试，往往通过对合作社的行为进行考察得知（Anderson，1985；Stump and Heide，1996）。Klein（1990）曾指出，正是由于存在多种不同类型的不确定性,才使其在经验研究中产生不一致的结论,甚至出现截然相反的影响。对"交易频率"的研究相对少于对"专用性投资"和"不确定性"的研究(Rindfleisch and Heide,1997)。若干经验证据表明,交易频率与组织模式之间并不存在显著的关联(Anderson and Schmittlein,1984;Anderson,1985;Maltz,1993),然而一些研究将交易频率划分为"一次性交易"和"重复交易",并得出了交易频率确实与组织结构有关的结论(John and Weitz,1988;Klein、Frazer and Roth,et al.,1990)。鉴于已有的理论研究与经验研究在不确定性问题上存在不一致性,更多的研究可以关注这一方面。

关于交易费用经济学的经验研究,在社会科学诸多领域所谓百花齐发、百家争鸣,从传统的与商业有关的领域,如经济、会计、金融、市场营销、组织理论,到政治、法律、公共政策及农业和卫生领域。在经济领域,早期的经验研究关注两类现象:纵向一体化和长期合同(Joskow,1988;Shelanski and Klein,1995;Saussier,2000)。早期的研究将关系型专用资产投资作为决定纵向一体化的关键因素(Monteverde and Teece,1982;Schmittlein,1984;Masten,1984;Joskow,1985),这些研究的一个重要成果是,揭示了不同类型的专用资产投资会派生出相应的组织结构。近期的研究也大多沿循不同类型的专用资产投资会对组织类型产生不同影响的思路。Monteverde(1995)对半导体产业的研究表明,该产业与制造业的纵向联合与专用性人力资本投资休戚相关。Ulset(1996)认为,由沉没成本表示的资产专用性显著影响了挪威 IT 企业与商业研发项目的纵向联合。Nickerson 和 Silverman(2003)观察到,关系型专用资产投资、交易费用及其他谈判困难的存在,导致了产权与合约的复杂性。大量的研究主要探讨了长期合约,特别是合约结构与合同关系的持续性,以及合约的完整程度,等等。

关于交易费用的直接测度,国外已有的研究大多为宏观层面的尝试,即测量一个经济体总的交易费用情况。Wallis 和 North(1986)将经济活动划分为交易活动和生产转换活动,通过加总与交易活动有关的资源耗费来衡量交易费用,即"完成交易功能所使用的要素的经济价值"。研究结果显示,美国交易费用占GNP 的比重由 1870 年的 24.19%～26%增加到了 1970 年的 46.66%～54.71%,并得出了一般性的结论:经济越发达,交易部门规模越大,交易费用占 GNP 的比重也越大。此后,Ghertman(1998)、Dollery 和 Leong(1998)等延续以上思路,对不同国家的交易费用进行了衡量,均证实了 Wallis 和 North(1986)的观点。

микро观层面对交易费用的直接测度可以概括为对市场型交易费用、管理型交易费用、政策型交易费用的测度三类。对市场型交易费用的衡量多见诸于金融领域;管理型交易费用即无法通过市场交易衡量的交易费用,如排除等候时间、获得企业经营许可的支出等;政府型交易费用是指一项政策的实施所产生交易费用。更为详细的文献综述,可参见 Collins 和 Fabozzi(1991)、Shelanski 和 Klein(1995)、Ning Wang(2003)、刘志铭和申建博(2006)以及胡浩志(2007)。

综上所述,宏观层面的交易费用测度已经形成较为完善的框架体系和方法,而微观层面的交易费用测度则更复杂多样。已有的研究成果为进一步开展交易费用的测度提供了良好的借鉴,但仍需根据具体研究内容仔细选择研究方法。

3.1.2 国外关于契约选择的经验研究

国外关于交易费用与契约选择的研究主要针对正式的契约条款而言,如果一项交易是建立在长期且具有交易专用性特征的投资基础上的,那么为了避免重复谈判,交易双方可能在开始时就签订了长期合同,规定未来交易的具体条款,但长期契约的局限性在于,其在面临未来需求和供给的波动时难以及时调整。

这方面的代表性研究是 1987 年 Joskow(1987)发表在《美国经济评论》上的文章,该文分析了煤炭供应商和电力公司之间的合同,检验了关系专用型投资在决定交易双方合同存续期长短上的重要性。场地专用性在煤炭供应关系中体现得较为明显,多数发电厂直接选址在煤矿附近,以就近获得所需煤炭,电厂与煤矿之间存在"唇齿相依"的关系;物质资产的专用性表现为电厂一旦建立就必须消耗专用品种的煤炭,因而就被锁定在了某个品种的煤炭上;特定资产的专用性表现为投资于这类资产所生产的产品只能销售给某一特定的消费者,因而在合同拟定的交易量越大,买方毁约给卖方造成的损失也越大。由此作者建立了以合同存续期长短为被解释变量,以电厂和煤矿是否"唇齿相依"、煤炭来自于哪个地区、年交易量大小为解释变量的实证模型。研究结果支持了作者的假说,但研究仅从资产专用性的角度选取解释变量,而没有控制其他可能影响合同存续期长短的变量,故该做法颇令人费解。

类似的研究也关注了对契约类型的选择。Pirrong(1993)研究了远洋散装船运输业的契约关系,研究结论表明,时间、空间因素和市场特征决定着即期契约是否可行。随后的多数研究都是就一个行业进行的具体分析,相对于研究资产专用性对契约安排的影响而言,后续研究大多尝试着对可观测的交易费用进行直接测度,并分析不同类型的交易费用对契约选择的影响。其中的代表成果是 Hobbs(1997)。

Hobbs(1997)利用英国肉牛养殖户的调查数据,分析了交易费用对农户选择活体拍卖肉牛还是出售给肉类加工企业两种不同销售方式的影响。作者将交易费用划分为信息成本、谈判成本、监督成本 3 大类,共计 25 个指标。并且,以农户采用拍卖方式销售肉牛的比例为被解释变量,以交易费用和农户特征为解释变量。由于农户通过拍卖方式销售肉牛的比例可能为 0 或 1,因此作者选用了 Tobit 模型。回归结果显示,销售肉牛给加工企业时面临的等级不确定性会对农户选择活体拍卖方式产生正向显著影响,而拍卖不成功的风险、拍卖所耗时间、每批拍卖数量、肉类加工企业向农户提供采购意向、卖拍前不知道需要哪种价格段的肉牛等指标,则会对农户选择活体拍卖方式有负向显著影响。

Bailey 和 Hunnicutt(2002)曾在美国犹他州做过肉牛养殖户的调查,调查问卷设计要求养殖户反馈对不同销售渠道交易特征的响应值,即使养殖户并未采用该渠道出售其产品。在方法上,两位作者采用了似不相关回归(Seemingly Unrelated Regression)。统计结果显示:在交易前获得足够信息、市场中买主竞争激烈、买卖双方的信任程度等,对采用传统拍卖渠道有显著影响;在交易前获得足够信息、市场开放次数足以满足交易需要等,则对农户采用直接销售模式有显著影响;市场开放次数足以满足交易需要、不出售产品的风险越低、运输过程中重量的损耗等,对采用视频拍卖模式有显著影响;市场中买主竞争激烈、不出售产品的风险越低等,对农户选择网络拍卖模式有显著影响。此外,养殖规模和学历对农户选择不同的交易渠道也有显著影响。

Vakis 和 Sadoulet(2003)利用秘鲁马铃薯种植户的数据,提出了一套测度交易费用的方法。作者表明,尽管交易费用的测度并非易事,但理解交易费用对农户行为的影响将对政策的制定起到关键作用。研究发现，除了可随交易量大小分摊的可变交易费用，如到交通条件好的道路的距离、到市场的距离外，固定交易费用，如获取价格信息、与潜在买主的关系、谈判能力等，也是影响农民市场选择的重要因素。作者构建的半结构条件逻辑方法（Semi-Structural Conditional Logit）可支持将部分可观测的交易费用纳入其中进行分析。

Lu（2006）通过对我国江苏南京 86 户西红柿种植户的资料进行数据包络分析，来考察交易费用对生产阶段和市场销售阶段技术效率的影响。研究表明，信息成本、谈判成本、监督成本、交易费用对两个阶段的技术效率均有显著的影响。其实，作者在 2002 年就运用 Hedonic 方法，考察了交易费用对南京西红柿种植户销售行为的影响，分析了直接销售给菜贩、通过当地农贸市场销售以及超市通过批发市场采购三种销售方式。结果表明，交易费用约占农户销售额的 44％，且尤以在当地市场直接出售产品最高。较高的信息成本和谈判成本表明，农户可以从市场重构中获得相当可观的利益。

Wen Gong 等（2007）利用 2004 年在中国内蒙古、安徽和山东所获得的 153 户肉牛养殖户的调查数据，以农户通过市场销售的肉牛的比例为被解释变量（这样做的原因在于，农户在市场中出售肉牛的比例越高，采用远期合同方式的比例就越低），以交易费用变量和农户特征变量为解释变量。计量模型采用 Tobit 模型。统计结果显示，谈判能力越强、养殖经验越丰富的农户，越倾向于选择远期合同，而延期付款、专用性投资要求高，则对农民选择远期合同有显著的负面影响。

此外，Gabre-Madhin（1999）以埃塞俄比亚谷物市场为例，研究了中介组织对节省交易费用的作用。Tobit 模型的估计结果，证实了经纪人对降低搜寻信息的交易费用起到了积极的作用这一假设。

Badstue（2004）检验了墨西哥中央峡谷地区影响小规模农户玉米种子获取过程的交易费用的因素。作者分析了农户自己留种、通过非正式销售渠道获得玉米种子以及通过正规销售渠道获得玉米种子三种不同方式的交易费用，但遗憾的是，作者对交易费用的量化并不充分，也并未作进一步分析。相关结果如表 3.1 所示。

表 3.1　对交易费用的定性量化方式

成本因素	自己留种	通过当地非正式渠道获取	通过种子公司等正规途径购买
信息成本	无	低或无	潜在较高
谈判成本	无	多种	低
执行成本	无	无	很低
种子质量风险	低	低	高
种子价格	零	低	高
种子提供者	自己	乡邻	专业种子销售商
提供种子的动机	无	社会关系	利润
交易双方的信任程度	高	高	低

资料来源：Badstue, L. B. Identifying the Factors that Influence Small-scale Farmers' Transaction Costs in Relation to Seed Acquisition: An Ethnographic Case Study of Maize Growing Smallholders in the Central Valleys of Oaxaca[R]. Mexico, ESA Working Paper No. 04—16, The Food and Agriculture Organization, 2004.

综上所述，国外经典文献不仅从不同类型的资产专用性角度研究其对契约安排的影响，而且直接测度了不同类型的交易费用对契约选择的影响，这些都为后续的研究提供了参考。其可能的改进之处在于，结合特定的产业特征，运用更为合理的模型，以使对被解释变量的设置更为直观。

3.2　国内关于交易费用与契约选择的经验研究

3.2.1　国内关于交易费用的经验研究

3.2.1.1　宏观层面的研究

赵红军等(2005)提出了从交易效率的视角间接衡量一国交易费用的方法，其基本依据在于，交易费用与交易效率之间存在反向关系，采用交易效率这一概念的目的是转向直接衡量交易费用时所面临的难题，使交易费用更容易衡量和更具可操作性。作者将交易效率的组成内容归纳为政府、交通、教育三个层面，采用因子分析法将"减少对企业的干预"、"银行竞争性"、"知识产权保护"、"万人民用、私人、运输车辆数"、"人均交通通信消费额"、"万人中高等学校毕业生数"等六项指标作为衡量交易效率的因素，并采用主成分分析法提取了两个主成分，利用1997—2002年间省际面板数据分析了我国(不含港、澳、台地区)31个省市交易效率及其与经济发展的关系，得出了交易效率对经济发展的作用比工业化和投资更具基础性，因而是市场经济赖以运行的"社会基础设施"的结论。

3.2.1.2　微观层面的研究

何坪华和杨名远(1999)对农户家庭经营的市场交易费用进行了初步描述。作者指出，农户家庭经营的市场交易费用包括市场信息费、市场信息失真或滞后导致决策失误的损失、签订交易合同的费用、上市购销商品的人工费和差旅费、产品运输费、销售收费及罚款、商品的质量检验费、催收货款的费用、人情关系费用、违约及受欺诈损失、防止交易纠纷的费用、处理交易纠纷的费用共12项费用，作者利用1997年对鄂、赣、苏、浙、皖5省24村359户以种植业为主的农民市场交易费用的调查资料，对以上交易费用做了货币化处理，但遗憾的是并未展开进一步分析。

钱忠好(2000)对江苏如意集团的个案进行了考察。研究发现，农业产业化经营作为一种组织和制度创新，是一个典型的纵向一体化过程，其生存和存在的根本动因在于通过组织边界的扩张，借助于组织对市场的替代，变市场交易为组织内部交易，进而节约交易费用。如意集团节约交易费用的主要举措如表3.2所示。

表 3.2　如意集团节约交易费用的主要举措

交易费用类别	主要措施
搜寻交易 的费用	理性地开发市场，有所侧重地选择销售商；开展直销；从自然资源特点出发，实现资源与市场的对接；有所区别地建立原料生产供应基地等
谈判、签订 合约的费用	根据品种、技术的特性，建立生产基地；采用"公司＋中介组织＋农户"的组织形式等
监督和履行费用	与销售商形成稳定的合作关系；采用"公司＋中介组织＋农户"的组织形式；引导农民，在集团与农民之间形成合同等正式规则以及相互信任、习惯等非正式规则；建立合理的收益分配机制和风险规避机制等

续　表

交易费用类别	主要措施
降低风险和不确定性等费用	使集团与销售商之间的合作由一次性博弈变为长期博弈；采用"公司＋中介组织＋农户"的组织形式；形成合同等正式规则及相互信任、习惯等非正式规则；建立合理的收益分配机制和风险规避机制等

资料来源：钱忠好.节约交易费用：农业产业化经营成功的关键——对江苏如意集团的个案研究[J].中国农村经济,2000(8)：62—66.

刘克春和苏为华(2006)研究了影响农户农地流转决策的因素,并试图把农地流转交易费用纳入模型作为解释变量之一。作者对农地流转中交易费用的定义是：在农地流转过程中,交易主体为寻找交易对象、谈判和签订交易协议以及监督协议执行等所花费的各种费用。作者将交易费用作为潜变量,运用李克特5点尺寸测度农地流转交易费用。具体而言,作者采用的衡量交易费用的两个指标为："在土地流转时需要花费'很少时间'、'较少时间'、'一般'、'较多时间'、'很多时间'才能流转成功"和"在进行土地流转时我感觉'很容易'、'比较容易'、'一般'、'比较麻烦'、'很麻烦'"。统计结果并没有支持作者的预期假设,农地交易费用虽然对农户农地转入的可能性和转入面积有负向影响,但影响极不显著,因此作者否认了农地交易费用高是阻碍农户有意愿转入农地但却没有转入成功的主要影响因素的观点。

屈小博和霍学喜(2007)对苹果种植农户的研究以农户通过果商销售苹果的比例为被解释变量,以交易费用和农户特征为解释变量,采用有序Probit模型,从信息成本、谈判成本、执行成本三个角度,分析了交易费用对农户农产品销售行为的影响。研究结果表明：信息成本对不同经营规模的农户均有较强的约束,农户一般都缺乏及时、可靠的市场信息来源,获取市场信息的成本较高；谈判成本对不同经营规模农户的销售行为的影响有显著差异；执行(监测)成本对较大经营规模农户的销售行为的负面影响明显小于对中小规模农户的负面影响；农户家庭特征变量对其销售行为的影响并不显著。

3.2.2 国内关于契约选择的经验研究

3.2.2.1 实证分析框架

郭红东(2005a)在国内外已有研究成果的基础上，对农业龙头企业与农户订单安排及履约机制进行了系统的研究，构建了"交易环境条件"(Environment)—"交易主客体特性"(Characteristic)—"订单安排"(Arrangement)—"订单履约"(Enforcement)—"订单绩效"(Performance)的 ECAEP 实证分析框架。具体如图 2.2 所示。

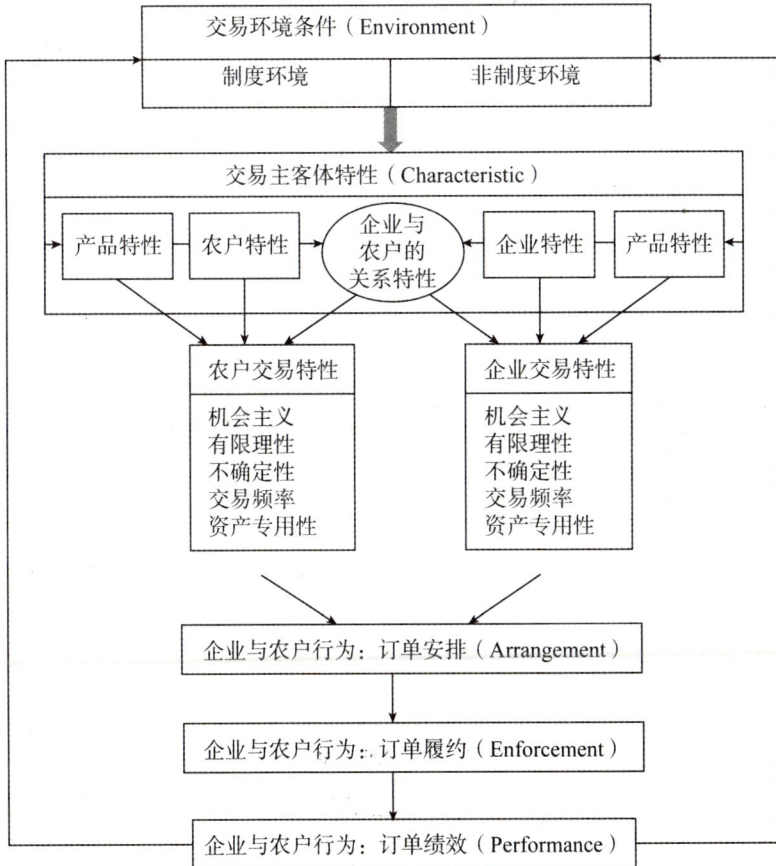

图 3.1 影响企业与农户订单安排及履约因素的实证分析框架

资料来源：郭红东.农业龙头企业与农户订单安排及履约机制研究[M].北京：中国农业出版社,2005(a)：70—85.

建立 ECAEP 实证分析框架的主要依据是在于以下逻辑："企业与农户订

单的安排,如果从交易费用经济学角度来理解,其实可视为农户(农场)与各种加工、销售经济主体之间的一种交易契约安排。究竟是选择市场交易、契约交易还是完全一体化,主要应考虑交易费用问题。交易费用主要是由交易特性(有限理性、机会主义、资产专用性、不确定性和交易频率)决定的,交易特性又是与从事农产品加工、销售经营的企业和农户(农场)自身的特性、产品特性、交易环境以及企业与农户的关系有关,交易特征决定了企业与农户的订单安排,而订单安排又决定了订单的履约。"ECAEP实证分析框架是研究正式契约的订单安排与履约机制的良好范式,但作者随后的计量模型并未将反映交易特性的"机会主义"、"有限理性"、"不确定性"、"交易频率"和"资产专用性"等决定交易费用的因素模型化。

3.2.2.2 经验研究结果

(1) 家庭特征对农户参与订单农业意愿的影响

郭红东(2005b)的经验研究表明,生产的专业化、商品化程度与农户参与订单农业的可能性呈显著正相关。祝宏辉和王秀清(2007)对新疆番茄产业中农户参与订单农业的影响因素的研究结果表明,农户的经营规模和对订单农业的了解程度对农户参与订单农业有显著的促进作用,随着户主年龄、户主文化程度、家庭劳动力人数以及番茄产业经营年数的增加,农户参与订单农业的可能性将降低。郭锦墉等(2007)在研究农产品营销中影响农户合作伙伴选择的因素时发现,户主的文化程度对农户选择营销合作伙伴的影响并不显著;生产经营规模大的农户更愿意选择工商企业和合作组织或协会作为合作伙伴,生产经营规模对农户选择批发市场的影响并不显著。作者认为,选择不同的交易对象,农户的交易费用肯定不同,农户作为理性的"经济人",当然会选择交易费用最低的合作对象,因此只需考察影响农户交易费用的因素,就能判别农户愿意选择哪类主体合作。遗憾的是,作者并未量化交易费用,也没有证实农户是否选择了交易费用最低的合作对象。作者只说明了哪些因素影响农户选择不同的合作对象,而非交易费用对农户选择不同合作对象的影响。

(2) 农作物品种对农户参与订单农业意愿的影响

郭红东(2005b)认为,从事家畜、家禽、花卉苗木生产的农户更倾向于参与订单农业,而粮食类农产品对农户是否参与订单农业影响一般,蔬菜、菌类对农户是否参与订单农业影响不大。祝宏辉和王秀清(2007)指出,当把农作物品种作为影响农户参与订单农业的解释变量后,不同农作物下农户的经营特征在很大程度上就失去了可比性,采用这种包含多种农作物的混合数据进行计量分析,可能会导致有偏的估计结果,因此在样本量许可的条件下,就同一农作物对农户是否参与订单农业的行为进行分析,其效果应该会更理想。对于农户选择不同的合作对象而言,也是同样的道理。郭锦墉等(2007)运用江西省的主要农产品来反映交易客体特性,认为农产品类型对农户选择不同的交易伙伴有着不同程度、不同方向的影响。

(3) 外部环境对农户参与订单农业意愿的影响

郭红东(2005b)的研究显示,农户参与订单农业的意愿与当地政府是否支持订单农业呈显著相关,目标销售市场的远近也会显著影响农户参与订单农业的意愿,距离目标市场较近的农户更倾向于选择市场销售而不是订单销售。祝宏辉和王秀清(2007)的研究表明,政府支持、农户所处地区等因素对农户是否参与订单农业有显著影响。郭锦墉等(2007)用农产品市场特征和农户所处的环境来反映交易环境特性,研究发现,相对于选择同贩运户合作,生产集中度高、价格波动大、销售难度大的农产品生产者更愿意选择工商企业、合作组织或协会和专业批发市场,而距离市场远近对农户选择营销合作伙伴的影响并不显著。周曙东和戴迎春(2005)以生猪养殖户为例,研究了契约模式的选择问题,作者采用了"垂直协作"的概念,认为所谓的垂直协作是指协调产品的生产和营销等各相继阶段的所有联系方式,包括市场交易、销售合同、合同生产、战略联盟和垂直一体化等。其中,市场交易形式和垂直一体化形式是垂直协作的两个极端。市场交易是一种一次性的、双方之间信息交流有限的形式,交易一方能够给对方施加的控制仅限于参与价格发现过程并决定是否接受交易,属于控制强度最低的一种形式;而垂直一体化则受上、下级之间的层级关系控制,属于企业内部的管理问题,是控制程度最高的一种形式。在市场交易和垂直一体化形式之间,存在着合同和战略联盟等形式。研究结果表明,江苏省的生猪养殖户在选择不同销售渠道时最主要的动机是降低交易中存在的付款和价格的不确定性,比较注重与交易对象的关系和交往经验以及交易对象的声誉。

3.3 本章小结

本章以对交易费用的测度和对交易费用与契约选择之间关系的经验研究为两条主线,对国内外的相关研究进行了系统综述。交易费用经济学的发展为交易费用与契约选择的经验研究提供了理论基础,但由于交易费用概念本身存在较大的争议,导致对交易费用的衡量难以有公认的尺度。纵观国内外对交易费用的经验研究,定量研究仍然为数不多,运用计量模型进行统计检验的更是屈指可数。就与本书研究高度相关的农产品市场交易费用的测度与契约选择的经验研究而言,对不同产品的研究均沿袭了 Hobbs(1997)在分类方式和计量模型选择上的套路,研究的进展及问题也主要体现在应该选择何种指标来更好地表征各个类别的交易费用,以及如何选取更具有解释力的模型,等等。

4 实证框架与研究设计

4.1 实证分析框架

本书的研究致力于探索交易费用对农户契约选择的影响,采用一系列指标衡量"机会主义"、"有限理性"、"不确定性"、"交易频率"和"资产专用性"等决定交易费用的因素,并将其纳入计量模型,以便验证交易费用是否是影响农户选择不同契约模式的重要因素。由此,本书提出了以下实证分析框架:

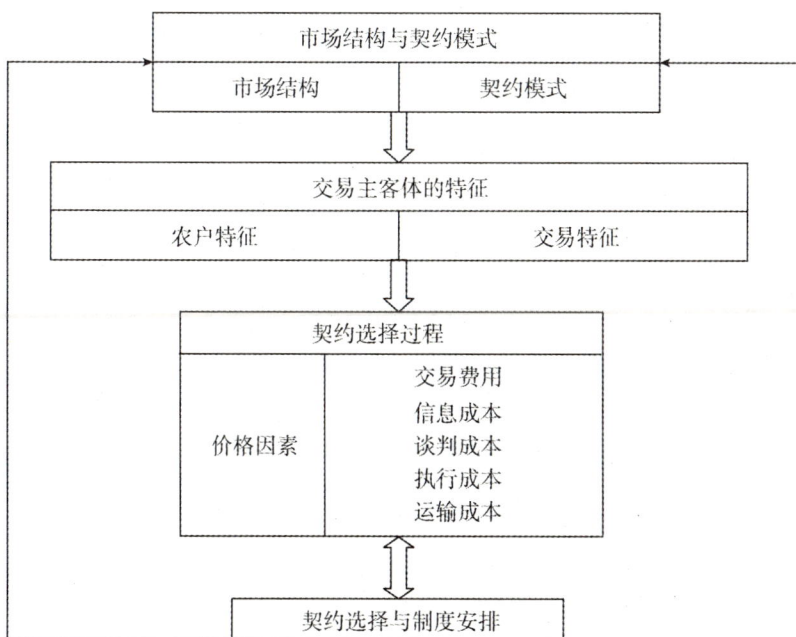

图 4.1 交易费用与契约选择实证分析框架

流通体系是农户选择不同契约模式时的外部环境,其决定了农户可以选择的契约集合。农户最终选择了什么样的契约模式,第一是与农户自身的特征有关,第二是与交易对象的特征有关,第三也是最为重要的是与契约模式的特征有关。契约模式的特征包括了价格因素和交易费用。交易费用主要由交易前的信息成本、交易时的谈判成本、交易后的执行成本以及运输成本等构成。据此,可以解释农户选择不同契约模式时是否受交易费用影响。反之,不同的契约安排又会对交易费用的节约起到一定的作用。

4.2 研究设计

本书以下各章节使用的数据除单独标注以外,均来自"中美合作课题:中国梨果供应链研究"及教育部人文社科基地重大项目"全球化背景下的我国农业和食品供应链的发展及其政策选择"两个项目,课题组于 2007 年 1 月至12 月期间在河北省和浙江省展开了联合调查。

由于目前公布的统计数据难以获取微观主体经营的详细资料,且抽样的方式和调查的对象难以满足特定研究的需要,因此课题组采用了面对面入户访谈的方式获取了大量翔实的微观数据,辅之以村庄层面的数据和省级统计数据。因此,有必要详细介绍调查的设计和实施情况。本节逐一介绍了样本区域的选择、调查对象的确定和抽样情况,以及问卷结构和调查过程等方面的情况。

4.2.1 样本区域

梨树在全国大部分地区均有种植,但由于本书的主要内容以梨果种植农户的生产销售行为为例,侧重于考察交易费用对农户契约选择的影响,故课题组在确定样本区域时综合考虑了以下因素:梨果生产区域分布、种植面积与产量、品种结构、销售方式、流通方式等,最终确立了以河北省和浙江省作为样本省份。

按照梨果种植面积和产量的分布,课题组在河北省选择了石家庄、沧州两个地级市为样本区域。由于浙江省梨果种植区域较为分散,课题组选择了宁波、杭州、嘉兴、丽水、台州和金华 6 个地级市作为样本区域。样本区域确定后，课题组在每个地级市选择了梨果产量最大的两个县，每个县抽取 1~2 个行政村，每个行政村再根据种植梨果的农户数量等距离地抽取一定比例的农户作为调查对象。

图 4.2 显示了调查区域的地理位置和农户样本的抽样个数。

4.2.2 调查对象

本书的调查对象以梨农为主，同时研究需要了解整个梨果产业的市场主体、组织结构和制度安排等，以便从宏观上把握梨农经济行为的背景因素。因此，本书的调查对象以梨农调查为主，辅之以对梨果产业市场主体的访谈和对村级集体经济组织的访谈。如表 4.1 所示。

表 4.1 市场主体调查对象及农户预调查情况

环　节	河北省	浙江省
生产者	30	30
中介组织	7	1
果品站	3	0
专业经纪人	4	0
合作社	0	1
批发商	4	4
本地批发商（本县/市以内）	2	2
外地批发商（本县/市以外）	2	2
出口商	3	0
加工商	2	0
零售商	4	6
小型水果店	3	3
专业水果超市	0	2
大型综合超市	1	1

资料来源：笔者根据课题组对市场主体的调查和对农户的预调查数据整理所得。

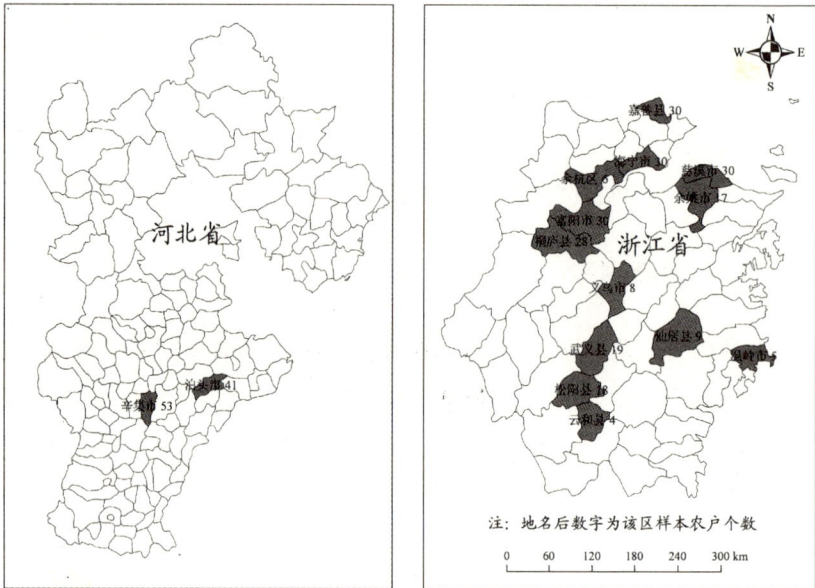

图 4.2　样本区域和抽样情况

4.2.3　抽样情况

2007 年 1 月和 2007 年 7 月,项目组首先采取选择性抽样的方式,进行了梨果产业市场主体调查和农户预调查。

2007 年 11—12 月,课题组在宏观调查把握样本省区流通渠道的基础上,集中进行了农户调查,农户调查采取分层随机抽样的方式。由于研究的主要目的在于分析交易费用对市场渠道选择的影响,多样化的流通渠道是关注的重点,因此与市场渠道更为多样化的浙江省相比,市场渠道较为单一的河北省的样本分布量相对较少。样本村庄和抽取户数情况详见表 4.2。

表 4.2　样本村庄与样本农户情况

省区	样本地区	样本县(市)	样本村庄	样本农户个数
河北	石家庄	辛集	倾井村	26
			东张口村	27
	沧州	泊头	常教村	12
			扁渡里村	12
			三岔河村	17

省区	样本地区	样本县（市）	样本村庄	样本农户个数
浙江	宁波	慈溪	二塘村	15
			新缪路村	15
		余姚	低塘村	10
			姆湖村	7
	杭州	富阳	元村	15
			沈家村	15
		桐庐	大市村	15
			仕厦村	13
		余杭	竹园村	6
	嘉兴	海宁	东风村	15
			梨园村	15
		嘉善	大通村	15
			惠通村	15
	金华	武义	甫上村	12
			桐二村	7
		义乌	殿下村	6
			溪北村	2
	台州	仙居	后冯村	7
			张店村	2
		温岭	靖海村	3
			联海村	2
	丽水	松阳	后湾村	9
			酉田村	9
		云和	黄处村	3
			沈岸村	1

资料来源：笔者根据农户调查数据整理所得。

具体而言，本书选择了河北省种植面积和产量最大的石家庄市和沧州市作为样本地区,以石家庄所辖辛集市与沧州所辖泊头市作为样本县,随机抽取该县所辖的 5 个行政村,根据该村梨农数量随机抽取 10～30 户梨农。由于浙江省梨果种植更为分散,本书按梨果年产量高低,选择浙江省年产量排名靠前的宁波、杭州、嘉兴、丽水、台州和金华 6 个地级市,每个项目村随机抽取 1～15 户梨农,共计 30 个行政村,331 户农户。

4.2.4 问卷设计

本书的研究采用结构式问卷,包括农户问卷和村级问卷。农户问卷所有信息均为 2007 生产年度与 2002 生产年度的对照,共包括 16 个部分[①]:

封面包括农户编号、样本点编号、调查日期、访谈起止时间、访谈对象姓名及其联系方式、调查员姓名、复核员姓名、调查须知等。

农户家庭概况部分包括家庭成员性别、年龄、受教育年限、职业、外出务工情况、种植梨树的年限、参加培训的情况、种植风险等。

土地结构部分包括农户家庭从事农业经营的土地面积、土地产权、种养殖品种等。

梨园概况部分包括农户梨园地块示意图,按地块分别统计土地面积、土地产权、土地期限、年租金、地形、土壤类型、灌溉程度、灌溉类型、梨树品种、梨树数目、种植密度、树龄、地块到最近水泥路的距离、获得认证的情况、地块种梨前的用途等信息。

产量信息部分包括梨果总产量、梨果总销量、次品果比例、销售方式、包装销售比例等信息。

销售渠道部分按不同品种分别统计买主类型、市场份额、是否通过中介销售、中介费用、成交地点、果园到成交地点的距离、果园到成交地点的运输时间、运输费用、交通工具、平均销售数量、交易前是否认识买主、买主来自何地、在交易前尝试过几次寻找买主、认识几个同类型的买主、是否知道其他市场的价格信息、了解的是哪类市场的信息、交易前了解价格信息的次数、到达交易地点后完成交易所需的时间、买主是否检验产品、双方是否对产品质量有分歧、付款方式、欠款所占比例、拖欠欠款时间、催要欠款次数、是否签订书

[①] 详细的调查问卷情况请参见附录。

面合同、电话联系次数、买主将梨果销往何种渠道等信息。

销售价格信息包括按不同买主类型统计的各梨果品种的最高成交价、最低成交价、平均成交价,是否支付税费及其征收比率等信息。

技术沿革信息包括肥料总施用量、化肥施用量、有机肥施用量、农药总施用量、低毒农药施用量,梨果灵等植物激素施用量与5年前相比增加、减少还是保持不变,以及幼苗移植、高接换种、疏花、疏芽、疏果、人工授粉、套袋、整形修剪、更换结果枝等田间管理技术的采用情况。

农机具数量信息包括农户在进行梨果生产和运输过程中所采用的各种农机具的数目,包括手动背包式喷药器、机动背包式喷药器、机动药泵、机动犁、温室棚架、货车、机动三轮车、农用拖拉机、电瓶货车、手推车、人力三轮车、水井、水塔、抽水机等。

生产成本信息包括农户是否记账,兴建梨园的投资,肥料、农药、除草剂的名称、用量、单位成本、雇佣及自有劳动力支出、包装材料支出、其他支出等信息。

合同信息包括农户对合同农业的认知、参与意愿、采用详情等信息。

组织信息包括农户加入梨业合作社或梨农协会的信息。

借贷信息包括农户现金借贷和实物借贷的具体信息。

收入信息包括农户种养殖业的收入、家庭其他收入等信息。

家庭资产信息包括农户房产、耐用消费品数量等信息。

社会关系信息包括农户有无与梨果行业有关的社会关系、获取消息的来源等信息。

4.2.5 调查情况

为了保证样本质量,课题组采用了结构式问卷,由调查员入户与梨农进行面对面访谈。课题组选择浙江大学管理学院博士研究生、硕士研究生以及推荐免试硕士研究生的大四学生作为调查员,并在正式调查之前对他们进行了精心的培训。

培训由调查问卷的设计者向调查员详细介绍课题的背景、研究的内容、问卷的构成、访谈的顺序、询问的方法、记录的方式、复核的要求以及需注意的事项等。在调查员进行正式的入户调查前,安排调查员观摩课题组成员的示范调查,由课题组成员向调查员演示操作程序。

在调查过程中,调查员在与被调查对象交流时回避了其他旁观者,以消除被调查对象的戒备心理,避免农户对敏感问题的保守估计和保留态度。

集中的农户调查于 2007 年 11 月 7 日至 12 月 24 日在河北省和浙江省 8 个地级市 15 个县 30 个村逐一开展。共涉及 331 户梨果种植户,剔除关键信息有矛盾的问卷 4 份,获得有效问卷 327 份。此外,还对 30 个村集体进行了村级基本情况的采集。

被调查对象的基本特征见表 4.3 所示。

表 4.3　样本农户家庭主要指标

样本来源 \ 主要指标	户主教育年限（年）	户主风险认知①	种植年限（年）	梨园面积（亩）	梨地块数（块）	房屋折价（元）	家庭其他收入（元）	耐用消费品件数（件）
辛集	9.19	3.02	16.57	7.36	2.23	37979.25	9421.13	6.75
泊头	8.15	3.10	25.02	3.50	3.10	21446.34	8312.68	5.44
慈溪	7.33	3.23	19.23	16.91	1.93	109816.67	21300	8.53
余姚	7.18	3.71	13.18	6.44	2.06	64352.94	20647.06	8.06
富阳	7.57	3.27	8.40	13.81	1.87	67916.67	19103.33	8.30
桐庐	6.96	3.07	9.85	18.92	2.11	52977.78	11292.59	7.19
余杭	7.17	3.17	5	50.67	1.17	115166.67	37166.67	10.33
海宁	8.20	2.70	8.80	10.32	1.53	96400	40273.33	10.07
嘉善	8.67	3.03	9.67	15.80	1.40	128006.67	30416.67	8.97
武义	9.32	3.11	7.74	17.43	2.16	168052.63	40526.32	8.79
义乌	5.38	3.50	11	10.31	1.38	140250	44250	9.38
仙居	6.67	3	6.89	72.94	1.33	63333.33	38155.56	7.89
温岭	7.60	4.20	9.80	44.80	2	147000	78400	11.60
松阳	8.17	3.72	8.06	10.46	2	18483.33	12983.33	4.78
云和	7.50	3.25	8.75	14	1.75	4500	7075	3

资料来源:笔者根据农户调查数据整理所得。

---

① 从 1 到 5 分别表示:完全没有风险、风险较小、风险一般、风险较大、风险非常大。

从上表可以看出,梨农受教育程度普遍不高,文化程度集中在初中和小学水平。梨农对生产和销售梨果的风险认知普遍较高,其中,认为风险最高的是浙江省温岭地区,原因在于该地区受台风影响严重,农户需投入大量资金建设大棚,以抵御台风袭击,大棚改变了局部小气候,可以使梨果提前半个月上市,且价格也相当于梨果集中上市时节的数倍,因此温岭梨农自然风险和市场风险均较大。从梨果种植年限和种植规模来看,河北省作为传统的梨果种植老区,种植年限明显长于浙江省,但农户的梨果种植规模远远小于浙江省梨农的种植面积。此外,河北省农户的土地细碎化程度更高。从农户的财富水平和收入结构来看,除来自浙江省云和县少数民族乡村的样本农户家庭异常贫困外,浙江省农户家庭的住房条件和生活水平以及其他收入来源均远远优于河北省农户家庭。

4.3 本章小结

本章首先构建了本书的实证分析框架,提出流通体系是农户在选择不同契约模式时面临的外部环境,其决定了农户可以选择的契约集合,农户对契约模式的选择取决于农户特征和交易特征。在提出此实证分析框架后,本章进一步交代了研究设计的详细情况。

5 梨果流通渠道与契约模式[①]

5.1 水果流通体制改革回顾

5.1.1 我国水果流通体制改革回顾

水果是我国产销市场化最早的农产品之一。从 1978 年党的十一届三中全会拉开农村改革的序幕到 1984 年调整统购统销制度,是由计划调节向计划与市场调节结合的过渡时期。国有企业独家经营的局面被打破,统购统销的农产品数量和范围逐步缩小,部分农产品价格逐渐放开。1984 年,我国开始改革水果购销体制,对水果实行市场放开、价格随行就市和多渠道流通的政策。

1983 年,中共中央在"1 号文件"(《当前农村经济政策的若干问题》)中首次规定了农民可以从事个体经营,可以进入农产品流通领域,从事农产品购销业务。

1983 年,国务院颁布了《大中城市逐步建设农产品批发市场》的第 21 号文件,全国各地加快了农产品批发市场的建设步伐。

1985 年,中共中央在"1 号文件"(《关于进一步活跃农村经济的十项政策》)中要求重点加快农产品收购制度改革,取消粮食、棉花统购,实行合同定购和市场收购相结合的"双轨制",并逐步放开水果、茶叶等农产品的价格控制。1986 年,全国农产品批发市场个数达到了 892 个。

---

① 本章的主体部分曾以《中国梨果产业价值链分析》为题,发表在《中国农村经济》2008 年第 7 期,第63—72 页。

1993 年,中共十四届三中全会明确提出,把"逐步全面放开农产品经营"作为市场化改革的方向。城乡集贸市场成了广大农民商品交易的主要渠道和城市居民购买农产品的主要场所。

进入 21 世纪以后,随着市场经济改革的进一步深化,人民生活水平进一步提高,水果销售渠道发生了重大转变,遍布社区的水果店、超市水果专营区、大型水果超市开始出现,并获得了蓬勃发展。

5.1.2　发达国家和我国台湾地区的水果流通状况

5.1.2.1　美国的水果流通

据闵耀良、邓红卫(2000)的考察,20 世纪 90 年代末期,美国水果流通呈现出的特点是以超市为主要零售渠道,餐饮业在水果流通中的市场份额巨大,批发市场在水果流通中占有重要地位,批发商经营规模较大,批发环节呈现"产销直挂"等特点。

据笔者 2007 年 9 月至 2008 年 9 月在美国留学期间的观察,美国现阶段水果流通的主要途径仍然是通过超市。由于美国的水果生产呈现出专业化、区域化、规模化的显著特征,如加利福尼亚、德克萨斯、佛罗里达等南部州的橙子,华盛顿州的苹果,密歇根州的樱桃、蓝莓等,都是以大农场生产为主。发达的公路网络、低廉的运输成本等,都为美国本土水果在全国范围内的销售提供了便利条件。而发达的零售终端以及人们的消费习惯,使水果通过超市物流配送中心运抵超市各大门店成为可能。美国水果流通的另一个重要特征在于专业协会的强大作用,众所周知的美国加州"新奇士"便是柑橘协会的名字,其不断发展壮大成了公司制企业,使"新奇士"的品牌名扬天下。

值得注意的是,并非所有的超市都有权经营生鲜农产品,经营生鲜农产品需要取得执照,而各州政府为了保护本州连锁零售企业,往往会对沃尔玛等竞争力强的连锁超市进行限制。例如,在美国密歇根州,生鲜农产品经营数量最大的是本土企业麦尔超市(Meijer),沃尔玛超市不经营生鲜农产品,而同属沃尔玛集团的山姆氏俱乐部(Sam's Club)则获允许销售部分大包装的生鲜食品。

此外,在美国超市里每个待售的水果上面都贴有一个经由美国农业部授权的四位数编号,该编号和超市的 POSE 系统连在一起,起到了类似于条形码的作用,同时也可以追溯该产品的产地。相较于国内超市生鲜区仅设置少数几个秤重处,每个称重的柜台前都排起长龙,美国的超市结算系统更为便捷,每一个收银台不论是自助柜台还是人工柜台都提供便于称重的电子天平,大大简化了交易程序,并节省了交易时间。

5.1.2.2　荷兰的水果交易方式及其变革

据戴迎春等(2004)的研究,荷兰果蔬生产和分销渠道的主要成员包括农场、拍卖市场、批发商、出口商(进口商)、零售商等。拍卖市场连接了荷兰果蔬的生产和销售,荷兰式拍卖则是拍卖市场占有垄断地位的营销机制。荷兰拍卖市场是农民的合作销售组织,合作社规定其成员必须通过所属的拍卖机构出售产品。批发商从拍卖市场购买产品后,再将其销售给零售企业或食品加工企业。出口商也需要通过拍卖机构购买产品。拍卖得以进行的一个重要条件是产品分级和标准化,每一拍卖单位的产品都是同质的。农户在采摘水果后必须将产品初步清洁、分等级整理,并根据拍卖机构的要求进行包装。拍卖机制通过竞争产生价格,价格的形成机制是高度透明的。

荷兰水果营销渠道的最大变革始于1996年荷兰9家合作制拍卖市场的合并和重组,其经营机构重组为一个新的公司,即 The Greenery。The Greenery 成立后,新的定价机制为以拍卖机构为中介的协议定价,并制订和采取了长期的、进取式的营销战略。The Greenery 的成立使荷兰水果流通渠道的结构发生了巨大变化,例如,其开始直接与零售系统联系,从而减少了对批发商环节的依赖。以契约关系替代市场交易、以协议定价替代拍卖定价、以细分品牌产品替代统一品牌产品等,则是对消费需求的新趋势、生产和分销环节的新变化的响应,是荷兰的合作社及其所属拍卖机构为保持荷兰在欧盟乃至世界蔬菜及水果生产尤其是贸易上的优势地位所作出的富有战略意义的调整。

5.1.2.3　我国台湾地区的水果流通

据缪建平(1998)的考察,我国台湾地区的水果市场体系在市场机制运作下,几十年来有一个清晰的发展演变过程。其大致可分为三个阶段:第一阶段是1952—1972年,主要实行委托运销制和公营机构与农民组织联合的运销制度;第二阶段是1973年至20世纪80年代末,实行经过批发市场的传统运销方式,主要采取共同运销、合作运销等运销方式;第三阶段是从20世纪80年代末开始,由于城市统一连锁店的出现,新的零售方式开始带动现代化的农产品直销方式。

5.2　全国及样本省区梨果产业概况

5.2.1　全国梨果产业概况

全世界有76个国家和地区生产梨果。亚洲主要生产东方脆肉型梨,欧洲、北美洲、非洲和大洋洲主要生产西方软肉型梨。2005年,梨栽培面积和产量处于前10位的国家为中国、意大利、西班牙、土耳其、德国、美国、韩国、印度、阿尔及利亚和俄罗斯。中国是梨的重要原产地,水果品种资源非常丰富,全世界梨属植物35个种中有13个种原产于中国,4个栽培品种(秋子梨、白梨、砂梨和西洋梨)中,除西洋梨外均原产于中国。梨树适应性强、结果较早、产量高、寿命长,栽培管理相对容易,在中国分布很广,全国各地几乎都有梨的栽培。

5.2.1.1　梨果产量

据《中国农村统计年鉴》数据显示,2007年全国梨果总产量为1289.5万吨。2007年,全国梨果产量最大的10个省区分别为:河北、山东、安徽、四川、河南、陕西、新疆、江苏、湖北、浙江。全国及本书研究的河北省和浙江省这两个样本省区的梨果产量从20世纪初到现在增长迅速(见表5.1)。此外,梨果还是河北省产量最大的水果,也是浙江省仅次于柑橘和杨梅之外产量第三大的水果。

表5.1　中国及样本省区梨果产量历史变化

单位:万吨

年　份	全　国	河　北	浙　江
1990	235.3	76.3	2.8
1995	494.2	168.6	4.0
2000	841.2	255.2	14.8
2003	979.8	282.1	24.5
2004	1064.2	313.2	28.6
2005	1132.4	324.6	31.0
2006	1198.6	333.5	33.0
2007	1289.5	346.0	36.1

资料来源:国家统计局农村社会经济调查司.(历年)中国农村统计年鉴[M].北京:中国统计出版社.

5.2.1.2 品种结构

我国梨果的主要栽培种类包括秋子梨、白梨、砂梨、西洋梨4种,由于不同种类的梨果在各自进化过程中受遗传和自然选择的影响,各自对气候条件有着特殊的要求,因而形成了与此相适应的栽培区域。秋子梨品种多分布在长城以北的冷凉地区,白梨多分布在黄河以北的广大温暖地区,砂梨多分布在淮河及秦岭以南的长江中下游和华南高温多湿地区,西洋梨多分布在河西走廊、新疆、青海、内蒙古的部分地区,以及华北、胶东半岛、辽南、渤海湾等地区。

我国梨果的主要栽培品种包括鸭梨、雪花梨、砀山酥梨、库尔勒香梨、金花梨、黄花梨、黄冠梨等。从成熟期来看,我国栽种的梨果以晚熟梨为主,约占65%,包括鸭梨、雪花梨、砀山酥梨、库尔勒香梨等;中熟品种约占20%,包括黄花梨、丰水梨等;早熟品种约占15%,主要包括翠冠梨和早酥梨。

5.2.1.3 梨果产品特性

梨果是季产年销的果品,大部分梨果需经一定时间贮藏后陆续上市销售或加工。梨的品种繁多,不同品种的梨具有不同的耐贮性。按果肉质地可分为脆肉型品种和软肉型品种。脆肉型品种果实不经后熟便可食用,肉质酥脆爽口,贮藏过程中仍能保持这种质地,但贮藏过久果肉易变糠。大多数软肉型品种的梨果在采收时肉质硬涩,肉粗渣多,经过后熟变得柔软多汁后方可食用。白梨和砂梨系列属脆肉型品种,西洋梨系列为软肉型品种,秋子梨系列大多为软肉型品种。

从总体上讲,白梨系列耐藏性强,大多数品种较耐贮藏;砂梨系列耐藏性不及白梨系列,约一半以上的品种不耐藏或稍耐贮藏;秋子梨系列大多数品种不耐贮藏;西洋梨系列绝大多数品种不耐贮藏,仅个别品种较耐贮藏和稍耐贮藏。在同一系列中,早熟品种不如中晚熟品种耐贮藏,软肉型品种不如脆肉型品种耐贮藏。同一品种的耐藏性也因栽培地区不同而有所变化,一般以最适栽培区的果实品质最好,耐藏性最强。

5.2.1.4 消费结构

据联合国粮农组织(FAO)的贸易年报统计资料显示,中国近年来的梨果出口量呈递增趋势,而进口量却呈递减趋势。与国内市场鲜果消费量相比,我国出口国外的梨果仅占梨果总产量的3%左右,加工比例也仅占6%左右,绝大多数梨果通过国内市场鲜销渠道得到消费(见表5.2)。

表 5.2　中国梨果进出口及消费概况

单位：吨

贸易年度	出口量	进口量	国内市场 鲜果消费量	加工量
2002	272137	751	8572164	465450
2003	303169	498	8995753	500000
2004	342422	199	9750064	550000
2005	362265	24	10281273	680000
2006	391200	18	11242818	816000

资料来源：FAO 贸易年报统计资料(历年)，www.fao.org。

5.2.2　样本省区梨果产业概况

5.2.2.1　河北省梨果产业概况

河北省是中国最大的梨果生产省份。2006 年，河北省梨果产量占到全国总产量的 27.8%，是最大的梨果出口省份和传统的梨果种植大省。河北省的梨果主栽品种为鸭梨和雪花梨，近年来黄冠梨等新品种的比例逐步上升。河北省梨果种植区域相对集中，石家庄市和沧州市是河北省梨果种植规模排名前两位的地区，两市梨果种植面积和产量约占河北省种植总面积和总产量的一半。因此，课题组选择了石家庄市和沧州市作为项目样本地区，以石家庄所辖辛集市和沧州所辖泊头市作为项目样本县。河北省各市梨园面积及产量情况见表 5.3。

表 5.3　河北省主产区域梨园面积及产量统计

年份	名称	全省	石家庄	沧州	其他 9 市合计
2003	面积(公顷)	213095	42657	40012	130426
	比例(%)	100	20	18.8	61.2
	产量(吨)	2820702	947220	484623	1388859
	比例(%)	100	33.6	17.2	49.2

续　表

年份	名称	全省	石家庄	沧州	其他9市合计
2004	面积（公顷）	213299	46909	36890	129500
	比例（%）	100	22	17.3	60.7
	产量（吨）	3131868	1043204	545685	1542979
	比例（%）	100	33.3	17.4	49.3
2005	面积（公顷）	215001	50624	35502	128875
	比例（%）	100	23.5	16.5	60
	产量（吨）	3246220	1061760	578583	1605877
	比例（%）	100	32.7	17.8	49.5

资料来源：笔者根据历年《河北农村统计年鉴》计算所得。

5.2.2.2　浙江省梨果产业概况

浙江省地处我国东南沿海，位于东经 118°01′至 123°08′，北纬 27°01′至 31°10′，属亚热带季风气候，气温适中，四季分明，光照充足，雨量充沛。年平均气温 15～18℃，年平均降雨量 1000～2000 毫米，年平均日照时数 1710～2100 小时，适宜栽培砂梨。

浙江省土地总面积为 10.18 万平方千米，约占全国的 1.06%，是面积较小的一个省份。其中山地和丘陵占 70.4%，平原和盆地占 23.2%，河流和湖泊占 6.4%，地貌结构为"七山一水二分田"。现有耕地 159.93 万公顷，其中水田 131.07 万公顷，旱地 28.87 万公顷，人均占有耕地不足 0.04 公顷。

浙江省蜜梨栽培具有成熟早、上市早的优势，上市时间较上海早了 1～2 周，较日本早了 2～3 周。人多地少、劳动力充裕、通信交通便利，为浙江省蜜梨产业的发展创造了良好的社会经济条件。

浙江省所属的东部沿海地区经济较为发达，是我国梨果的主要消费地之一。与此同时，浙江省是梨果新产区的代表，梨果作为浙江省三大水果产业之一，是仅次于柑橘、杨梅的第三大水果产业。浙江省梨业生产发展大致经历了以下三个阶段。

第一阶段：从 20 世纪 50 年代到 70 年代。起初，浙江省梨果生产以地方品种为主，从 60 年代起，逐步开始推广种植从日本引入的菊水、八云和长十郎等品种,到 70 年代,全省梨园面积已发展到 0.53 万公顷左右。

第二阶段:70 年代初至 90 年代。黄花梨的选育和推广掀起了浙江省梨业发展的小高潮,不断更新的黄花梨品种替代了原有的地方品种。

第三阶段:90 年代中期至今。以翠冠梨为代表的一批早熟品种梨选育成功并在生产中获得推广应用,尤其是在 1996 年后,农业产业结构的调整促进了梨业生产的飞跃性发展。翠冠梨成了浙江省发展最快的果树品种。翠冠梨等早熟品种梨的迅猛发展,改变了浙江省以黄花梨为主的梨产业格局。

浙江省梨业发展历程可以参见表 5.4。

表 5.4 浙江省梨业发展历程

时期	面积(千公顷)	主栽品种	生产组织	生产技术	流通领域
20 世纪50 年代	3	地方品种(三花、雪梨、白樟梨、软柄梨等)	房前屋后、地边道旁、无规模生产	自然生长	家人、亲属食用,少量零售
20 世纪60 年代	5	地方品种,日本梨品种少量栽培(菊水、黄蜜等)	集体及国营果园	一般技术应用、普及、推广初期	供销合作社、果品公司、果品商店、自销
20 世纪70 年代	5~9	自行杂交新品种选育,各地优良品种引进筛选	集体及国营果园	以土壤管理为中心的优质高产技术形成,并开始普及推广	果品公司、果品商店、自销
20 世纪80 年代	7	新品种推广(黄花、新世纪、杭青等)	集体及国营果园,家庭或个人承包经营果园涌现	施肥、修剪、疏果、病虫害防治技术普遍应用	果品公司、果品商店、自销
20 世纪90 年代	7~15	黄花、新世纪、清香,后期早熟梨新品种翠冠育成,开始推广	家庭或个人承包经营果园为主	引进日本的棚架式梨栽培技术,无公害梨的推行	果品交易市场开始涌现
2000 年以后	16~26	翠冠、黄花、清香,新一轮优良引进筛选及杂交新品种选育正在进行中	家庭或个人承包经营果园为主,企业经营果园涌现,经营规模扩大(30~60 公顷)	安全优质梨生产技术标准的制订、普及,以改善外观为中心的商品果生产技术的推广	果品交易市场、超市、水果超市,自销

资料来源:笔者根据课题组对浙江省梨协的访谈资料整理所得。

目前,浙江全省良种梨覆盖率达 90％以上,全省梨业生产已形成早熟、中熟、晚熟品种合理布局搭配,早熟品种以翠冠为主,中晚熟品种主要是黄花、清香等,其中,翠冠和黄花两个品种的栽培面积约占梨生产面积的 80％以上。

由于浙江省梨果种植区域较为分散,本书选取了种植面积和产量排名前 6 位的地区作为样本研究区域,即浙东的宁波,浙南的台州,浙北的嘉兴、杭州,浙中的金华,以及浙西南的丽水。以上 6 个地区涵盖了浙江省梨果种植的所有地形特征,包括平地梨园、丘陵梨园、海滩涂梨园、高山梨园等,6 个地区的梨园面积及产量总计占全省的 80％左右。浙江省主产区域的梨园面积及产量情况可以参见表 5.5。

表 5.5 浙江省主产区域的梨园面积及产量情况

年份	名称	全省	宁波	丽水	杭州	金华	嘉兴	台州	其他 5 市合计
2003	面积(公顷)	24108	5001	3709	3140	2345	3072	1851	4990
	比例(％)	100	20.7	15.4	13.1	9.7	12.7	7.7	20.7
	产量(吨)	244454	82182	7804	29135	22929	37350	13356	51698
	比例(％)	100	33.6	3.2	12	9.4	15.3	5.5	21
2004	面积(公顷)	25741	5166	4042	3381	2697	3073	2289	5093
	比例(％)	100	20.1	15.7	13.1	10.5	11.9	8.9	19.8
	产量(吨)	285751	85512	12491	33592	25272	47249	19554	62081
	比例(％)	100	29.9	4.4	11.8	8.8	16.5	6.8	21.8
2005	面积(公顷)	26587	5407	4373	3600	3033	2873	2307	4994
	比例(％)	100	20.3	16.4	13.5	11.4	10.8	8.7	18.9
	产量(吨)	310375	82451	18137	41150	33068	49821	22442	63306
	比例(％)	100	26.6	5.8	13.3	10.7	16.1	7.2	20.3
2006	面积(公顷)	26452	5041	4576	3747	3284	2835	2338	4631
	比例(％)	100	19.1	17.3	14.2	12.4	10.7	8.8	17.5
	产量(吨)	329753	80872	21260	47048	37858	54385	25197	63133
	比例(％)	100	24.5	6.4	14.3	11.5	16.5	7.6	19.2

资料来源:笔者根据对浙江省梨协统计资料的计算得到。

5.3 样本省区梨果流通渠道：基于价值链分析

5.3.1 梨果价值链初览

为了对梨果产业有一个初步的认识,本部分的分析从梨果价值链的构成入手。价值并不是一个新的概念,但对于价值链上的每一个参与者来讲,价值是其最为关注的东西。价值链分析作为一种工具,是分析产业纵向结构的重要手段。本部分以河北省辛集市鸭梨销售和浙江省桐庐县翠冠梨销售情况为例,分析每一条价值链的参与主体、价值流向、增值活动、成本收益等情况。本部分中的"增值比例"指该产品从某一环节销售到下一环节的售价与购买价格(对农户而言为生产成本)的差额(即该环节的增值)占价值链各环节增值总和的比例。

除了统计数据来自年鉴资料以外,本部分使用的数据均来自课题组 2007 年在样本点的多次实地调研。调查样本的流通渠道特征如表 5.6 所示。

表 5.6　调查样本的流通渠道特征

价值链环节	河北省	浙江省
生产者	30	30
中介组织	7	1
果品站	3	0
专业经纪人	4	0
合作社	0	1
批发商	4	4
本地批发商(本县/市以内)	2	2
外地批发商(本县/市以外)	2	2
出口商	3	0
加工商	2	0
零售商	4	6
小型水果店	3	3
专业水果超市	0	2
大型综合超市	1	1

在本部分中,样本县(市)以内的批发商定义为本地批发商,样本县(市)以外的批发商定义为外地批发商。如表 5.7 所示,河北省大多数梨果通过"农户—果品站—外地批发商—外地零售市场"这一渠道销往全国各地,其销售量占辛集市两个样本村梨果销售量的 70% 以上。果品站是河北省梨果价值链中一个异常活跃的角色,超过九成的梨果通过果品站流向下一个环节。梨果汁加工企业和梨浓缩汁加工企业消化的梨果所占比例较小。

表 5.7　河北省梨果价值链类型及销售量比例

价值链编号	价值链类型	销量比例(%)
1	农户—果品站—外地批发商—外地零售市场	70.22
2	农户—果品站—本地批发商—小型水果店(出口商、超市)	20.75
3	农户—本地批发商—加工商—消费者	9.03

资料来源:根据课题组对市场主体调查和农户预调查数据整理所得。

浙江省的梨果价值链与河北省截然不同。由表 5.8 可见,在河北省梨果价值链中起关键作用的果品站在浙江省并没有出现,取而代之的是近年来发展迅速的农民合作社。随着农民合作社逐步发展壮大,"农户—农民合作社—批发商(集团购买者、水果超市)"这一渠道成为桐庐县最为重要的梨果销售渠道。但是,到目前为止,该县梨果的销售半径仍然较小,以在杭州及周边地区销售为主,小部分梨果由桐庐县以外的批发商销售到温州等地,极小部分梨果销往了上海、福建、广东等邻近省份。以民营企业为代表的集团购买者是农民合作社及个体农户的重要客户资源。

表 5.8　浙江省梨果价值链类型及销售量比例

价值链编号	价值链类型	销量比例(%)
1	农户—农民合作社—下游客户	38.25
2	农户—外地批发商—传统零售商	32.45
3	农户—集团购买者	18.74
4	农户—小贩	10.56

资料来源:笔者根据课题组对市场主体调查和农户预调查数据整理所得。

从总体上看，由于技术和制度的双重差异，浙江省梨果价值链的长度要短于河北省。浙江省梨果主栽品种为早熟砂梨——翠冠，翠冠梨的特点为上市时间早但不耐储运。由于产量远远少于河北省，浙江省的梨果以供应本省为主。

5.3.2　梨果价值链的第一阶段：梨果生产

梨树是多年生木本植物，从幼苗移植到稳产期大约需要 5 年时间。在分析生产成本时，为了数据的可比性，不考虑梨园最初的投入成本。梨树进入稳产期后，每年的生产成本主要体现为土地租金、肥料支出、农药支出、除草剂支出、套袋纸支出、包装箱支出、雇佣劳动力支出、机器维修成本以及其他成本，如水电费、花粉费、植物激素支出等。尽管访谈对象都是小农户，最大规模农户的梨果生产规模也不超过 30 亩，但个体差异显著。我们预期，在既定的组织和制度安排下，小农户的生产成本与其生产规模密切相关。由此，笔者按规模大小分别将河北省和浙江省的样本农户分成三个组别进行分析，即每组 10 户农户，规模最小的 10 户为"最小规模组"，规模居中的 10 户为"中等规模组"，规模相对较大的 10 户为"较大规模组"。不同规模农户生产成本的比较如表5.9 所示。

表5.9　河北省与浙江省农户梨果生产成本对比

单位：亩、%、元

项目	最小规模组			中等规模组			较大规模组		
	河北	浙江	差异值	河北	浙江	差异值	河北	浙江	差异值
梨园面积	2.60	7.22	−4.62	4.83	10.80	−5.97	8.25	24.40	−16.15
专业化程度	30.66	91.86	−61.20	36.45	85.58	−49.13	47.14	97.13	−49.99
生产成本	2002.80	1076.10	926.70	2122.46	1510.24	612.22	1487.79	984.48	503.31
土地租金	0	42.42	−42.42	0	90.66	−90.66	275.55	89.56	185.99
肥料成本	798.80	343.62	455.18	782.50	495.84	286.66	499.65	348.56	151.09
农药成本	309.02	99.08	209.94	240.22	163.88	76.34	100.08	70.50	29.58
除草剂成本	21.48	14.70	6.78	19.22	6.70	12.52	17.90	4.24	13.66

续　表

项目	最小规模组			中等规模组			较大规模组		
	河北	浙江	差异值	河北	浙江	差异值	河北	浙江	差异值
包装成本	490	515.42	−25.42	477.80	562.40	−84.60	322.60	309.26	13.34
雇工成本	265.84	60.86	204.98	380.40	175.26	205.14	131.75	161.96	−30.21
机器维修成本	23	0	23	52.65	15.50	37.15	21.93	0.40	21.53
其他成本	94.66	0	94.66	169.67	0	169.67	118.33	0	118.33

资料来源：笔者根据课题组关于农户预调查的数据整理所得。

由表 5.9 可见：

（1）浙江省农户的生产规模明显大于河北省农户，三个组别的浙江省农户生产规模均为河北农户的 2～3 倍。若以梨园面积占土地总面积的比例来衡量农户梨果生产的专业化程度，则河北省农户的专业化程度低于 50%，而浙江省农户却高于 85%。这是因为，河北省农户的梨园大多为责任田，由于梨果比较效益下降，在梨果生产老区，农户纷纷改种其他水果或作物，而浙江省农户大多承包山地发展梨果种植。

（2）河北省和浙江省的梨果亩均生产成本都呈现出随生产规模扩大而先升后降的规律。大规模种植最节约成本，小规模种植相对中等规模种植更节约成本。

（3）河北省农户种植梨果的单位平均成本约为浙江省农户的 1.6 倍。对于小规模组和中等规模组，河北省农户除土地租金和包装成本外，其他成本项目均高于浙江省农户。对于较大规模组而言，河北省唯一较低廉的是雇佣工人的工资水平。

（4）就农户生产成本的构成而言，不同规模组农户生产梨果最大的两部分支出均为肥料成本和包装成本。与浙江省农户相比，由于缺乏有机肥来源，河北省农户普遍施用大量化肥，较少施用价格相对便宜的生物肥料。在调查年份 2007 年，仅有 40% 的河北省农户施用过少量的生物肥料，而浙江省有 90% 的被调查农户都施用大量的生物肥料。化肥用量逐年增加，加之化肥价格上涨，一方面使得河北省农户梨果生产中的肥料成本难以降低，另一方面也降低了梨果的品质。到 2007 年年底，河北省被调查农户中没有一户的梨果取得无公害食品或以上的认证；而在浙江省，有 53% 的被调查农户生产的梨果取得了无公害食品认证，三分之一的被调查农户生产的梨果取得了绿色食品认证。就生产梨果的包装成本而言，河北省农户的包装成本主要为套袋用的纸袋成本，而浙江省农户的包装成本主要是为提高梨果销售价格而进行包装的成本。

（5）肥料费用、农药费用、包装成本和雇工支出是河北省和浙江省小农户梨果生产最主要的四项支出。与河北省农户从个体商户采购农业生产资料不同，浙江省农民合作社向农户提供相对低价的生产资料，起到了保障梨果质量安全的作用。

5.3.3 梨果价值链的第二阶段：梨果销售

5.3.3.1 河北省梨果价值链：一个以小型经纪人为主导的市场

（1）组织结构与制度安排。果品站是连接小农户与批发商的重要媒介。所谓的"果品站"是由乡村里的"能人"开办，按成交量收取中介费用，为本地及外地批发商收购梨果提供场所、信息，并帮助其组织货源和从事简易包装的小型梨果集散地。在被调查的两个项目样本村，果品站的数量多达 55 家，有超过九成的梨果经由果品站流向本省及外省市场。

河北省是传统的梨果种植地区，产区农户栽种的梨树大多是在分产到户时从集体果园分得的。分地时过度强调公平，优等、劣等梨园兼顾，导致农户的梨园大多没有集中连片，而是分散成多片面积极小的地块。因单家独户而十分有限的梨果生产能力无法吸引批发商，果品站便应运而生，且多年来持续发挥着将千家万户分散生产的梨果集中起来进行销售的基本功能。果品站的经营者或是小型冷库的经营者，或是从事过水果贩运的小商贩，或是乡村干部。数目众多的果品站之间竞争激烈，果品站经营者以改善服务态度、在梨果集中收购季节为客商提供食宿等手段，来维持与客商之间的长期合作关系。手续费按交易量收取，与梨果品种及收购价格无关，在所调查的村庄按每公斤 6 分钱收取，与 5 年前相比有所下降。农户在选择果品站时，最主要的考虑因素是收购价格，且主要以果品站公告栏上公布的价格和果品站通过村委会广播站播报的价格为参考依据。由于果品站数量众多，加之来自销售地的市场信息能够通过电话的方式迅速反馈到产地市场，梨果收购价格在一天之中变化非常频繁,农户选择的果品站并不固定,而是会在出售梨果前了解多家果品站的收购价格。

(2)鲜销梨果价值链。河北省的鲜销梨果有两种销售途径:一是"农户—果品站—外地批发商—外地零售市场";二是"农户—果品站—本地批发商—小型零售商(出口商或大型综合超市)"。表5.10和表5.11分别给出了上述两条价值链上各主体的成本收益与增值比例情况。

表 5.10 农户—果品站—外地批发商—外地零售市场增值结构

单位:元/公斤

编号	增值结构	农户	果品站	外地批发商	外地零售市场	
					小水果店	超市
a	购买价格(生产成本)	0.97	0	1.37	1.80	2
b	平均售价	1.37	0.06	1.80(2)	2.85	3.20
c	增值	0.40	0.06	0.43(0.63)	1.05	1.20
d	新增成本	0	0.01	0.37	0.78	0.85
e	利润	0.40	0.05	0.11	0.47	0.35
f	增值比例(%)	20.62	3.09	22.17	54.12	—
		17.47	2.62	27.51	—	52.40

资料来源:笔者根据课题组对市场主体的调查和对农户预调查的数据整理所得。

由表5.10可见:

• 就增值比例而言,零售环节加价最多,批发环节次之,生产环节最少。从梨果生产环节到批发环节的加价仅占价值链增值总额的20%,批发环节到零售环节的相应比例约为25%,零售环节到最终消费者的相应比例则超过了50%。

• 就成本构成而言,单位重量梨果的流通成本高于生产成本。批发环节和零售环节的成本高达每公斤1.16~1.23元,农户生产每公斤梨果的成本为0.97元。绝大部分梨果仍然是经由传统的小型水果店到达消费者,小型水果店遍布社区,为消费者购买水果提供了便利,其梨果价格也能与大型超市相抗衡,甚至略低于大型综合超市,因此在竞争中占有一定优势。由于大部分大型综合超市都是从批发市场采购梨果,采购成本难以控制,加之超市高昂的运营成本,大型综合超市在鸭梨等大宗水果经营方面并不具备竞争优势。

• 就利润分配而言,单位重量梨果利润最大的是零售环节,批发环节次之。大型综合超市从单位重量梨果中获得的盈利幅度不及小型水果店,只能以量取胜。从表面看来,农户似乎也"获益良多",然而,每公斤 0.4 元的"利润"并未扣除农户自有劳动投入的成本,也没有摊销梨园的初期投资。若考虑到农户付出的大量自有劳动,则大部分农户将处于亏损状态。农户的成本收益将在后续部分讨论。

表 5.11 农户—果品站—本地批发商—零售环节增值结构

单位:元/公斤

编号	增值结构	农户	果品站	本地批发商	零售或出口环节		
					小水果店 (60%)	超市 (20%)	出口商 (20%)
a	购买价格	0.79	0	1.35	1.85	1.80	2.50
b	平均售价	1.35	0.06	1.85 (1.80、2.50)	2.75	3	6
c	增值	0.56	0.06	0.50 (0.45、1.15)	0.90	1.20	3.50
d	新增成本	0	0.01	0.20	0.62	1.03	2.04
e	利润	0.56	0.05	0.24	0.28	0.17	1.46
f	增值比例 (%)	27.72	2.97	24.75	44.55	—	—
		24.67	2.64	19.82	—	52.86	—
		10.63	1.14	21.82	—	—	66.41

资料来源:笔者根据课题组对市场主体的调查和对农户预调查的数据整理所得。

由表 5.11 可见:

• 就增值比例而言,在国内市场仍然是零售环节加价最多,批发环节增值比例低于生产环节增值比例。一个可能的原因在于,产地批发市场竞争更为激烈,本地批发商不得不压缩利润空间以实现薄利多销。出口是增值最大的环节,其增值比例是生产环节的 6 倍,是批发环节的 3 倍。

• 就成本构成而言,新增成本最多的环节是出口环节。这是因为,梨果出口需要支付较高的包装费用、冷藏费用、运输费用、人工费用和海关税费。与外地批发商采购梨果后以鲜销为主、依靠长途贩运获取地区差价不同,本地批发商通过对梨果进行再次分等定级,将优质的梨果销售给诸如出口商等较为高端的市场,或是利用本地较为成熟的配套设施,将梨果冷藏以获取时间差价。河北省内大型综合超市的梨果购买价格低于小型水果店,但梨果的单位销售成本仍高于小型水果店。

• 就利润分配而言,出口商获取的单位利润远远高于其他销售方式,但出口市场的风险较大,且出口量相对较小。被调查的一家出口企业,2006 年的出口净利润为 700 万元,2007 年的亏损额却高达 800 万元。国际市场梨果价格和需求量的波动会迅速传递到产地收购市场,收购价格的降低会直接影响到生产者的收益。由于出口企业直接联系的基地农户的数量极其有限,出口的梨果大多经由本地批发商销售到出口企业,因此,绝大多数小农户都难以从出口的增值中获益。

(3) 加工梨果价值链。由于加工企业所加工的是次品梨,加工企业的出现对农户收入的提高起到了积极的作用。约在 5 年前,由于农户没有途径出售次品梨,大量不符合鲜销要求的梨果只能腐烂在梨园。尽管次品梨的收购价格不高,每公斤 0.2 元的收购价格低于梨果的平均生产成本,但对年收入不高的梨果种植户来说,也是一笔可观的净收入。同时,加工企业也可通过生产梨汁、梨浓缩汁等高附加值产品来获利。然而,加工企业产能毕竟有限,单纯依靠加工企业发展梨果种植的农户并不能增加收入。从长远来看,改良技术、提高优质梨果比例,才是提高梨果种植户收入的主要途径(见表 5.12)。

表 5.12　农户—本地批发商—加工企业增值结构

单位:元/公斤

编号	增值结构	农户	本地批发商	加工企业
a	购买价格	0	0.2	0.5

编号	增值结构	农户	本地批发商	加工企业
b	平均售价	0.2	0.5	4
c	增值	0.2	0.3	3.5
d	新增成本	0	0.2	2.5
e	利润	0.2	0.1	1.0
f	增值比例(%)	5	7.5	87.5

资料来源：笔者根据课题组对市场主体的调查和对农户预调查的数据整理所得。

5.3.3.2　浙江省梨果价值链：多元化市场

（1）组织结构与制度安排。与河北省以小型经纪人和批发商为主导的流通方式不同,浙江省梨果价值链的市场主体更为多元化。除了传统的批发商外,合作社、集团购买者、专业水果超市在浙江省梨果价值链中发挥着重要的作用。

例如,浙江省桐庐县钟山蜜梨合作社成立于 2002 年,注册资本 39 万元,现有社员 104 人,社员均需持股,股金最低限额为 1 万元。合作社固定资产达到 387 万元,建有完善的办公区域、交易市场、冷藏仓库、自动分级设备等。该合作社经营的主要梨果品种包括翠冠梨、清香梨、新世纪梨和黄花梨,不同上市时间和储藏性能的梨果品种相结合,延长了合作社向市场供应水果的时间,从而获得了更好的经济效益。合作社社员生产的梨果均获得了国家无公害产品认证,部分梨果获得了 A 级绿色食品认证。2006 年,该合作社梨果总销售量为 5160 吨,占全县梨果总销售量的 39%,合作社产值达 1400 万元,实现利润 200 万元。为控制梨果质量,该合作社以低于市场平均价 10% 的价格向社员提供农药、肥料、纸袋等生产资料,并在相应的季节对农户进行生产技术培训。合作社成员享有优先销售梨果给合作社的权利,相同等级的梨果每公斤销售价格比非社员高出 0.1 元,并享有二次分红的权利。2006 年,该合作社累计分配盈余 58.8 万元。从 2007 年年底起,该合作社开始与农户签订书面销售合同。

集团购买者主要为浙江省内的民营企业以及学校、宾馆等企事业单位。集团购买者主要购买梨果礼盒作为会务用品或员工福利。与大型超市不同,在杭州等经济发达地区,快速发展的专业水果超市正在零售业态中异军突起。以杭州市群丰大果园连锁果品有限公司为例,该公司在杭州市区共有 7 家分店,各分店由公司统一配送水果。单家分店营业面积在 300 平方米左右,日均营业额为 1 万元。公司以薄利多销为经营策略,水果流通速度较快。群丰大果园以基地采购为主,尽量避免从本地批发市场进货,以节约成本。钟山蜜梨合作社已与"群丰大果园"开展合作,钟山蜜梨在"群丰大果园"的平均售价接近每公斤 5 元。

(2) 合作社主导的价值链。从浙江省桐庐县的案例来看,该县最主要的梨果价值链是"农户—农户合作社—下游客户",其增值结构可由表 5.13 表示。

表 5.13　农户—农民合作社—下游客户增值结构

单位:元/公斤

编号	增值结构	农户	合作社	外地批发商 (30%)	零售环节	
					小水果店 (70%)	大型超市 (30%)
a	购买价格 (生产成本)	1.01	1.81	2.43	3.50	3.50
b	平均售价	1.81	2.43	3.50	5.96	6.16
c	增值	0.80	0.62	1.07	2.46	2.66
d	新增成本	0	0.33	0.62	1.88	2.33
e	利润	0.80	0.29	0.45	0.58	0.33
f	增值比例(%)	15.97	12.38	22.55	49.10	—
		—	51.06	15.35	11.90	21.69
编号	增值结构	农户	合作社	专业水果超市(10%)		
a	购买价格 (生产成本)	1.01	2.23	3.20		
b	平均售价	2.23	3.20	5		
c	增值	1.22	0.97	1.80		
d	新增成本	0	0.59	1.25		
e	利润	1.22	0.38	0.55		
f	增值比例(%)	30.58	24.31	45.11		

编号	增值结构	农户	合作社	集团购买者(60%)
a	购买价格 (生产成本)	1.01	3.14	4.80
b	平均售价	3.14	4.80	—
c	增值	2.13	1.66	
d	新增成本	0	1.10	
e	利润	2.13	0.56	
f	增值比例(%)	56.20	43.80	

资料来源：笔者根据课题组对市场主体的调查和对农户预调查的数据整理所得。

从表 5.13 中可知：

• 农民合作社取代了在河北省梨果价值链中发挥着重要功能的果品站。合作社作为一种新的制度安排,在一定程度上起到了节约交易费用的作用,至少果品站收取的中介费用这一部分被省去了。合作社的客户包括集团购买者、专业水果超市和外地批发商,这三类客户对梨果质量的要求并不相同,其中,集团购买者和专业水果超市对梨果质量的要求较高,而外地批发商对较为劣质的梨果也有一定需求。相应地,这三类客户支付给合作社的梨果购买价格也有差异,其中,集团购买者支付的价格最高,专业水果超市次之,外地批发商最低。

• 就增值比例而言,越长的价值链,中间环节增值比例越高。由于浙江省民营经济发达,以民营企业为主的集团客户成了合作社的重要客源。合作社通过将梨果包装成礼品装后销售给集团购买者,极大地增加了梨果的价值。礼品装的梨以精品梨为主,每箱 6～8 个梨,售价为 25 元。合作社与专业水果超市合作,省去了批发环节,使得生产环节的增值比例得到提高。

• 就成本构成而言,经由外地批发商销售的价值链中,零售环节新增成本最多,批发环节次之。不同类型的零售业态,其梨果购买价格和新增成本均有差异,其中,小型水果店和大型超市通过批发市场采购的购买价格略高于专业水果超市直接从合作社采购;就新增成本而言,小型水果店和大型综合超市均显著高于专业水果超市。

• 就利润分配而言，每销售 1 公斤梨果，合作社从集团购买者处的获利程度略高于专业水果超市，显著高于从外地批发商处的获利程度。合作社还可以通过二次分红，实现合作社收益的再分配。合作社和社员之间不是简单的市场买卖关系，合作社作为特殊的组织安排，使得其社员能够分享一部分产品增值所带来的利益。专业水果超市从单位重量梨果中获利的程度介于小型水果店与大型综合超市之间，但专业水果超市的梨果销量却要远远大于小型水果店和大型综合超市。

此外，钟山蜜梨合作社曾与某大型超市有过短暂的直接合作，两者的合作关系迅速破裂的原因是合作社很难从与大型超市的合作中获利。一方面，大型超市的购买价格远远低于集团购买者的出价，甚至低于外地批发商的购买价格；另一方面，大型超市要求合作社保证小批量日常供货，并要求合作社承担梨果在超市经营过程中的损耗。

（3）集团购买价值链。由于合作社对优质高价梨果的需求量低于社员供应优质梨果的能力，社会活动能力较强或与民营企业有着千丝万缕联系的农户，倾向于自己直接将梨果销售给集团购买者。如表 5.14 所示，农户销售梨果给集团购买者的平均价格低于合作社销售给集团购买者的平均价格，但对个体农户来讲，直接销售给集团购买者的平均价格要高于合作社的收购价格。农户直接销售梨果给集团购买者所获得的利润也高于通过合作社销售所获得的利润。为调动社员的积极性和扩大合作社梨果的销路，合作社允许社员以成本价从合作社回购经过包装的梨果，再由个人销售给客户。

表 5.14　农户—集团购买者增值结构

单位：元/公斤

编号	增值结构	农户	集团购买者
a	购买价格（生产成本）	1.10	3.76
b	平均售价	3.76	0

编号	增值结构	农户	集团购买者
c	增值	2.66	0
d	新增成本	0	3.76
e	利润	2.66	0
f	增值比例(%)	100	0

资料来源：笔者根据课题组对市场主体的调查和对农户预调查的数据整理所得。

（4）传统价值链。具有较为成熟的合作社及购买力旺盛的集团购买者是浙江省梨果价值链的两大特点。同时，传统的梨果价值链也并存于浙江省的梨果产业市场。钟山地处浙江山区，道路交通设施的改善为外地批发商前往当地收购梨果以及乡村旅游的发展提供了便利。农户销售给外地批发商的梨果均未经包装，包括达不到合作社最低收购标准的次级梨果和由于合作社销售能力有限而无法销售的梨果。因此，外地批发商和小商贩仍然是小农户梨果的重要买主，但农户通过这两条价值链获利极少，大部分利润均被中间环节所占有（见表5.15和表5.16）。

表5.15　农户—小商贩—消费者增值结构

单位：元/公斤

编号	增值结构	农户	小商贩
a	购买价格(生产成本)	1.02	1.11
b	平均售价	1.11	2.50
c	增值	0.09	1.39
d	新增成本	0	1.11
e	利润	0.09	0.28
f	增值比例(%)	6	94

资料来源：笔者根据课题组对市场主体的调查和对农户预调查的数据整理所得。

表 5.16　农户—外地批发商—外地零售市场—消费者增值结构

单位：元/公斤

编号	增值结构	农户	外地批发商	小型水果店
a	购买价格（生产成本）	1.05	1.38	2.50
b	平均售价	1.38	2.50	3.30
c	增值	0.33	1.12	0.80
d	新增成本	0	0.57	0.42
e	利润	0.33	0.55	0.38
f	增值比例（%）	33.55	40.89	25.56

资料来源：笔者根据课题组对市场主体的调查和对农户预调查的数据整理所得。

5.4　梨果交易的契约模式总结与效率评价

5.4.1　梨果交易的契约模式总结

通过运用价值链分析工具对河北省和浙江省梨果产业链进行剖析，梨果流通渠道较为清晰地呈现了出来，各市场主体在产业链中的功能、地位、盈利情况也一一展现。鉴于本书的重点是研究农户及其直接交易者之间的交易费用和契约关系，故有必要对可供农户选择的契约模式进行总结。

批发商契约模式是指水果批发商前往果园收购农户的梨果，或农户通过附近果品站批量销售梨果给批发商。批发商是指从事水果批发业务，批量买进、批量卖出的从业人员，其主要活动是在梨果收获季节前往梨果种植相对集中的区域，在当地果品站经营者的协助下大批量收购梨果，再经由全国各地水果批发市场销售给二级批发商或水果零售商，以赚取价差。

零售商契约模式是指农户自行前往农产品批发市场，将梨果以批量销售的方式出售给有固定摊位的水果零售商和小商贩。零售商与批发商的区别在于，零售商面对的下游买主为消费者，而批发商的下游买主则为二级批发商或零售商。

消费者契约模式是最为传统的销售模式，指农户通过零售市场或农村集市或沿街叫卖的方式将梨果零售给消费者。

集团购买者模式是指农户通过亲友等社会关系，将梨果销售给企业、政府、宾馆、学校等企事业单位。

合作社销售模式是指农户通过当地农民专业合作社销售梨果。

上述不同契约模式的各自特征如表 5.17 所示：

表 5.17　不同契约模式的特征描述

契约模式	成交地点	类型	有无中介参与	专用性资产投资	交易频率	不确定性程度
农户—批发商	果园、果品站	市场交易	通常有	少	频繁	中等
农户—零售商	果园、批发商场	市场交易	有时有	少	较频繁	较大
农户—消费者	零售市场、沿街为市	市场交易	无	少	较频繁	很大
农户—集团购买者	企事业单位	关系型交易	无	较多	中等	较小
农户—合作社	合作社	合同交易	无	较多	中等	较小

5.4.2　基于数据包络分析的契约模式效率评价

5.4.2.1　两阶段梨果价值链模型

若将梨果价值链分为生产和销售两个阶段，就可以构建出两阶段梨果价值链模型。即将梨农视为决策单位（DMU），生产阶段视为一个次级决策单位 sub-DMU1，销售阶段视为另一个次级决策单位 sub-DMU2。在第一阶段，梨农投入土地、肥料、农药、纸袋、人工等各项要素，以生产一定数量和质量的梨果。在第二阶段，既定产量的梨果作为中间产品在市场出售，以获得最终收入。Sexton 和 Lewis（2003）介绍了一个简易模型，每个决策单位使用一种投入品转化成一种中间产品，最后提供一种最终产品。

Lu（2006）发展了该模型。如图 5.1 所示，图中的两点代表两个次级决策单位。

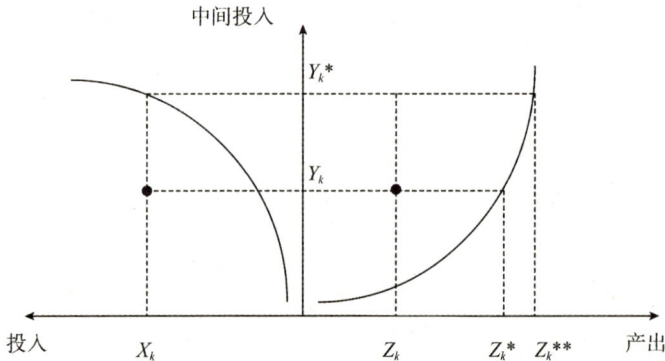

图 5.1　最简化的以产出为导向的两阶段价值链模型

在左侧坐标轴中，将 DMU_k 标绘在点 (X_k, Y_k) 上，即投入 X_k，可生产 Y_k 的中间产品；在右侧坐标轴中，将 DMU_k 标绘在点 (Z_k, Y_k) 上，Z_k 是 DMU_k 在第二阶段的产出。

上图左侧坐标轴中的曲线表示决策单位在第一阶段既定规模报酬下的 DEA 生产可能性边界，类似地，右侧坐标轴表示决策单位在第二阶段既定规模报酬下的 DEA 生产可能性边界。在生产可能性边界上，第一阶段投入 X_k 的最大可能性产出为 Y_k^*，而实际产出为 Y_k。由两者的差异表示的效率损失可记为：

$$Q_{1k} = \frac{1}{E_{1k}} = \frac{Y_k^*}{Y_k}$$

类似地，给定第一阶段实际产出，在第二阶段的生产可能性边界上的最大可能性产出为 Z_k^*，而第二阶段的实际产出为 Z_k。由两者的差异表示的效率损失可记为：

$$Q_{2k} = \frac{1}{E_{2k}} = \frac{Z_k^*}{Z_k} \text{（注：原作者的推导为} Q_{2k} = \frac{1}{E_{2k}} = \frac{Y_k^*}{Y_k}\text{，已由笔者更正。）}$$

假定第一阶段有效率，即由 X_k 的投入生产了 Y_k^* 的中间产品，若第二阶段也有效率，则最终产出为 Z_k^{**}。因此，在 X_k 的投入水平，一个有效率的 DMU_k 最终应该达到 Z_k^{**} 的产出水平。此时，总的效率损失可以表示为：

$$Q_k = \frac{1}{E_k} = \frac{Z_k^{**}}{Z_k}$$

为了求解该两阶段价值链模型，我们可以通过解三个 DEA 模型来完成。有 $d = 1, 2, \cdots, D$，令：

$X_{di} = DMU_d$ 的投入品 i，$i = 1,2,\cdots,I$

$Y_{dp} = DMU_d$ 生产和再消耗的中间产品 p，$p = 1,2,\cdots,P$

$Z_{dr} = DMU_d$ 生产的最终产品 r，$r = 1,2,\cdots,R$

$\lambda_{dk} = $ 权重

$\mu_{dk} = $ 权重

对于第一阶段的次级决策单位，在 DMU_k，需要求解：

$$\text{Max } Q_{1k}$$

$$\text{s. t.} \sum_{d=1}^{D} \lambda_{dk} X_{di} \leqslant X_{ki}, i = 1,2,\cdots,I$$

$$\sum_{d=1}^{D} \lambda_{dk} Y_{dp} - \theta_{1k} Y_{kp} \geqslant 0, p = 1,2,\cdots,P$$

$$\sum_{d=1}^{D} \lambda_{dk} = 1$$

$$\lambda_{dk} \geqslant 0, d = 1,2,\cdots,D$$

$$\theta_{1k} \geqslant 0$$

对于第二阶段次级决策单位，在 DMU_k，需要求解：

$$\text{Max } Q_{2k}$$

$$\text{s. t.} \sum_{d=1}^{D} \mu_{dk} Y_{dp} \leqslant Y_{kp}, p = 1,2,\cdots,P$$

$$\sum_{d=1}^{D} \mu_{dk} Z_{dr} - \theta_{2k} Z_{kr} \geqslant 0, r = 1,2,\cdots,R$$

$$\sum_{d=1}^{D} \mu_{dk} = 1$$

$$\mu_{dk} \geqslant 0, d = 1,2,\cdots,D$$

$$\theta_{2k} \geqslant 0$$

5.4.2.2　两阶段梨果价值链的效率测定

数据包络分析（Data Envelopment Analysis）简称 DEA，最早是由 A. Charnes 和 W. W. Copper 等人于 1978 年创建的。数据包络分析使用数学规划模型，来评价具有多个输入，特别是多个输出的"部门"或"单位"（称为决策单元，简记成 DMU）间的相对有效性。根据对 DMU 的观察数据判断是否为 DEA 有效，其本质是判断 DMU 是否位于生产可能集的"生产前沿面"上（魏权龄，2004）。

本书采用 DEAP 软件进行数据处理,按市场渠道汇总的梨果生产阶段和销售阶段的技术效率如表 5.18 所示。从表 5.18 中可以看出,就全部农户汇总的情况而言,生产阶段的平均技术效率为 0.4,而销售阶段的平均技术效率仅为 0.19。就不同阶段的技术效率差异而言,销售阶段的技术效率差异大于生产阶段的技术效率差异。生产阶段技术效率最高的是以协会作为最主要销售渠道的农户组,最低的是以自行零售为主的农户组,因此,该结果验证了农民协会在组织生产方面的作用。销售阶段技术效率最高的是以销售给集团客户为主要渠道的农户组,其次是以销往合作社为主要方式的农户组,最低的是就近销售给批发商的农户组,这与我们对现实观察的感性认识相一致。

表 5.18　按不同契约模式汇总的梨果生产和销售阶段技术效率[①]

市场渠道	总效率	生产效率	交易效率
农户—批发商	0.24 (0.17)	0.42 (0.23)	0.15 (0.07)
农户—零售商	0.22 (0.16)	0.37 (0.23)	0.18 (0.16)
农户—消费者	0.29 (0.26)	0.30 (0.18)	0.20 (0.08)
农户—集团客户	0.45 (0.27)	0.37 (0.22)	0.38 (0.14)
农户—农民专业合作社	0.37 (0.17)	0.43 (0.12)	0.24 (0.04)
汇总	0.27 (0.20)	0.40 (0.22)	0.19 (0.12)

资料来源:笔者根据课题组的农户调查问卷整理所得。

5.5　本章小结

本章简要回顾了我国水果流通体制改革及发达国家和我国台湾地区的水果流通状况,并阐述了样本省区梨果产业的基本情况。在此基础上,运用价值链分析工具,详细分析了梨果生产和销售每个阶段的成本构成、增值比例和利润分配。并在此基础上,总结出了可供梨农选择的契约模式类型主要

---

① 　括号内为标准差。

包括批发商契约模式、零售商契约模式、消费者契约模式、集团购买者契约模式和农民专业合作社契约模式。

数据包络分析方法的测定结果显示,不同契约模式的交易效率存在显著差异。在下一章中,我们先假设交易费用是影响农民选择不同契约模式的重要因素,然后运用计量模型进行相关检验。

6　交易费用与农户契约选择：基于计量模型

基于前文所构建的实证框架，农户特征和交易特征共同决定了农户的契约选择。交易特征可由不同类型的交易费用表征，本章主要目的是要验证"交易费用是影响农户选择不同契约模式的重要因素"这一基本假说是否成立。

6.1　交易费用测度的变量比较与体系构建

6.1.1　变量设置比较

根据 Eggertsson(1990)的研究，交易费用来源于一项或多项以下活动：

- 对商品价格或质量信息的搜寻，以及对潜在买者或卖者的搜寻；
- 买卖双方必要的协商和谈判；
- 合同或协议的达成；
- 对合同或协议双方执行过程的监督；
- 与完成协议有关的成本以及对违约方的处罚；
- 对产权的保护。

对于不同的研究对象，交易费用变量的设置是有所差异的。现将已有研究中关于交易费用的设置总结如下，以便为本书的研究设计提供理论基础和经验证据。

6.1.1.1 信息成本变量设置

信息成本发生在交易之前，包括寻找便于交易发生的方式、寻找更有利可图的价格以及潜在的买主等。已有的研究文献对信息成本的衡量指标如表 6.1 所示。

表 6.1 信息成本变量设置

作者	研究对象	变量描述与衡量方法
Hobbs(1997)	牛	到拍卖场所前不知道价格是否是一个障碍(1～5)
		交易前了解拍卖价格所花时间(小时)
		交易前了解直接销售的价格所花时间(小时)
		是否所有的牛都满足加工商的质量要求
Bailey 和 Hunnicutt(2002)	牛	交易前对每种渠道价格的了解程度如何(1～5)
		买主是否了解出售的牛的质量
		市场是否有足够多的买主以保证竞争
Vakis、Sadoulet 和 Janvry(2003)	西红柿	交易前是否找到买主或发现固定收购价格
		交易前是否认识买主
		是否与买主来自同一区域
		在市场中销售所需要的时间
		是否知道交易发生的市场价格
		是否知道其他市场的交易价格
		成交价与期望价格相比高还是低
Wen Gong 等 (2007)	牛	一周内价格波动有多大(1～3)
		获得价格、相关政策、新技术等信息的难易程度(1～5)
		出售前有没有质量检测手段
屈小博和霍学喜 (2007)	苹果	是否了解省内苹果市场的行情信息
		不了解本地市场信息对农户销售行为的影响
		是否通过果商了解市场信息
		果商提供的价格信息是否可靠

6.1.1.2 谈判成本变量设置

谈判成本发生在交易进行过程中，包括双方讨价还价、签订合同或拟定协议、安排支付方式等所花费的成本。这类成本的降低往往被假定与卖者的个人特征（如教育程度、技能、性别等）有关，也与产品质量、买卖双方之间的关系有关。已有的研究文献对谈判成本的衡量指标如表 6.2 所示。

表 6.2　谈判成本变量设置

作者	研究对象	衡量方法
Hobbs (1997)	牛	到拍卖地点的交通费用（英镑/头）
		到加工企业的交通费用（英镑/头）
		运输牛到拍卖地点是否困难（1~5）
		直接运输牛到加工企业是否困难（1~5）
		拍卖交纳的中介费用（%）
		销售给加工企业的中介费用（%）
		拍卖后收到货款的天数
		销售给加工企业后收到货款的天数
		拍卖时对顺序的失控是否构成了障碍
		拍卖不成功需把牛运回家是否构成了障碍
		只能被动接受加工商提供的收购价是否构成了障碍
		每周举行拍卖交易的次数
		拍卖所费时间（小时）
		拍卖市场是否有足够的买主以保证竞争
		加工企业发布收购意向的频率
Bailey 和 Hunnicutt（2002）	牛	每种销售渠道由卖主支付运费的运输距离（英里）
		每种销售渠道交易前牛的体重损失比例是多少（%）
		每种销售渠道中介费用的高低（1~5）
		价格过低导致不能出售的风险有多大（1~5）
		农户是否相信加工商会在加工前正确处理牛
		市场开放频率是否足够满足出售需要
		整个交易过程耗费多长时间

作者	研究对象	衡量方法
Vakis、Sadoulet 和 Janvry(2003)	西红柿	达成价格前的谈判回合数
		农户是否自己进行价格谈判
		平均成交价格
		如果在果园成交可选的交易对象个数
		对于质量的核定有无歧义
		买主是否支付现金
Wen Gong 等 (2007)	牛	是否有延期付款的情况
		农户对价格的影响程度(1～5)
		运输通常由谁来承担
		运输费用多少(元/头)
		来自出售牛的收入占家庭总收入的比例
屈小博和霍学喜 (2007)	苹果	果商与中介报价是否一致
		有无中介费用
		同一等级苹果销售价格的差异(1～5)
		农户对销售价格公平程度的反应(1～3)
		是否有书面销售合约

6.1.1.3　执行成本变量设置

执行成本是指为了保证交易顺利进行而产生的成本，如对约定付款方式和期限的催促或进一步明确产品质量等。已有的研究文献对执行成本的衡量指标如表 6.3 所示。

表 6.3　执行成本变量设置

作者	研究对象	变量描述与衡量方法
Hobbs (1997)	牛	拍卖销售运输中体重损失和长时间等待是否构成了障碍
		直销运输过程体重损失和长时间等待是否构成了障碍
		拍卖过程处理不当造成的牛的净重损失是否构成了障碍
		直销过程处理不当造成的牛的净重损失是否构成了障碍
		拍卖过程中牛未能按预期分等定级是否构成了障碍
		直销过程中牛分等定级未被告知是否构成了障碍

续　表

作者	研究对象	变量描述与衡量方法
Bailey 和 Hunnicutt(2002)	牛	各个销售渠道收到全额货款的快慢速度
		对各个销售渠道交易对象的信任程度
Vakis、Sadoulet 和 Janvry(2003)	西红柿	交易后几天收到货款
		催款次数
		对买主的信任程度
		是否签订合同
Wen Gong 等 (2007)	牛	是否关心分等定级的不确定性
		技术支持等推广服务的频率
屈小博和霍学喜 (2007)	苹果	是否以现金结算
		违约的频率
		运输困难程度
		交易双方对苹果质量等级的认定情况(1~5)

6.1.2　交易费用测度体系构建

从前文对已有文献中交易前的信息成本、交易过程中的谈判成本以及交易后的执行成本的总结中,不难发现:

第一,已有的研究对三类交易费用变量的设置因不同的产品类型而异,因此后续研究在设置变量时应充分考虑不同产品在交易过程中的特殊性。

第二,已有的研究对三类交易费用变量边界的划分较为模糊,同一个变量在有的研究中被作为交易前的信息成本,而在另外的研究中却被作为交易过程的谈判成本,甚至交易后的执行成本。因此,后续研究在设置变量时应注意对不同类型交易费用的划分。

第三,已有的研究对交通费用的处理方法不一,其被作为交易时的谈判成本和交易后的执行成本的情况均存在,本书在处理交通费用时将其作为三类交易费用之外单独的一类交易费用变量。

第四,已有的研究在设置反映交易费用的变量时,有的采用了直接变量,有的采用了替代变量,本书在设置变量时尽量使用能够客观观测到的直接变量,尽量避免采用由农户心理感知而得到的间接变量。

基于以上基本原则,本书在研究交易费用对梨农契约模式选择的影响时,构建了以下测度交易费用的指标体系:

表 6.4　本书交易费用的测量指标体系

交易费用类型	变量描述与衡量方法
信息成本	本次交易前是否认识买主
	是否通过中介
	交易前主动打听市场信息的次数
谈判成本	农户是否能对质量提出异议
	和买主达成交价前经历了几个回合的谈判
	交易过程中通过电话与买主联系的次数
执行成本	平均每次销售的数量
	交易所需的时间
	现金支付的比例
运输成本	果园到成交地点的运输时间
	运输费用

6.2　数理模型与计量模型述评

6.2.1　VSJ 数理模型

VSJ 数理模型是由 Vakis、Sadoulet 和 Janvry(2003)提出的一套从可观测的农户行为来测度交易费用的方法,可将货币化的交易费用纳入简化了的农户模型。作者将交易费用划分为可变交易费用(Proportional Transaction Costs,PTC)和固定交易费用(Fixed Transactions Costs,FTC)。可变交易费用与农户出售或购买的产品数量有关,固定交易费用是指不管出售或购买的产品数量为多少均需要支付的交易费用。

为了构建生产者销售农产品的模型,不妨考虑一个农户生产一种农产品。农户决策的过程可以划分为三个阶段。

第一阶段：在作物种植季节，农户 h 按照资源配置最优化的原则决定总的种植数量，产品预期价格、劳动力投入、土地投入及其他收入来源等因素都将影响农户的供给方程，即 $Q(p,w,z_h^q)$，其中 p 和 w 分别是产品和要素的预期价格，z_h^q 是生产的固定投入。

第二阶段：在作物收获季节，农户 h 收获的产品数量为 Q_h，农户家庭自我消费的数量为 c_h。c_h 是产品价格 p 和其他因素 z_h^c 的函数，即 $c_h = c(p, z_h^c)$。由此可以得出农户 h 的市场供给量 q_h，即 $q_h = Q_h - c_h$。

与典型的农户模型不同，进一步假设一个特定的农户 h 通过 n 次等量交易将 q_h 出售完毕。交易次数 n_h 由出售数量 q_h 和固定交易费用决定，即 $n_h = n(q_h, z_h^n)$；因此第 i 次交易的数量即为：$q_{hi} = \dfrac{q_h}{n_h}$。

第三阶段：农户决定在哪一个市场出售其产品。主要考虑 $q_h > 0$ 的情况，即农户为净出售者，并去掉脚标 h，i 既表示交易又表示进行交易的农户。共有 J 个市场可供农户出售 q_i，农户的决定又受到三个因素影响：

第一，对于交易 i 在第 j 个市场出售时受到单位可变交易费用 TC_{ij}^p 的影响，TC_{ij}^p 是距离 d_{ij}、到达市场 j 的时间 m_{ji} 以及其他诸如道路质量等因素 z_{ij}^p 的函数。由此，单位可变交易费用可以表示为：

$$TC_{ij}^p = TC^p(d_{ij}, m_{ij}, z_{ij}^p) \tag{6.1}$$

第二，农户考虑每一个可选市场 j 的预期售价为 p_{ij}，

$$p_{ij} = \overline{p}_j + B(q_i, z_i^b) \tag{6.2}$$

其中 $\overline{p}_j$ 是外生性市场价格，$B(q_i, z_i^b)$ 是农户预期或接收的潜在价格升水，由出售产品的数量 q_i 以及与讨价还价有关的农户能力、经验、产品质量等因素 z_i^b 决定。

第三，在 j 市场出售产品还与固定交易费用 $TC^f(z_{ij}^f)$ 有关，$TC^f(z_{ij}^f)$ 与出售产品的数量无关，主要包括寻找潜在买主、获得价格信息、市场信息及拟订合同等所需的费用。

综上，对一个既定的交易 i 而言，农户选择在 j_i 市场出售 q_i 数量的产品，以期获得最大的利润。即：

$$j_i = \arg \max_k \{\Pi_{ik} = q_i \cdot (p_{ik} - TC_{ik}^p) - TC^f(z_{ik}^f)\}, k = 1, 2, \cdots, J \tag{6.3}$$

或者，

$$j_i = \arg\max_k\{\Pi_{ik} = q_i \cdot [\bar{p}_k + B(q_i, z_i^b) - TC_{ik}^p(d_{ik}, m_{ik}, z_{ik}^p)] - TC^f(z_{ik}^f)\},$$
$$k = 1, 2, \cdots, J \tag{6.4}$$

根据公式(6.4)，可以得到计量模型

$$\Pi_{ik}^* = X_{ik}\beta + W_i\beta_k + \varepsilon_{ik}$$

其中，Π_{ik}^* 是在每一个市场 k 进行交易 i 的净收益，$X_{ik} = \{\bar{p}_k, d_{ik}, m_{ik}, z_{ik}^p, z_{ik}^f\}$，$W_i = \{1, q_i, z_i^b\}$，$\beta$ 和 β_k 为待估参数，ε_{ik} 为残差项。令 j_i 为使交易 i 获得最大利润的市场选择，则 $j_i = \arg\max_k \Pi_{ik}^*$，$k = 1, 2, \cdots, J$，第 i 次交易选择市场 j 的概率为：

$$\Pr(j_i = j \mid X_{ik}, W_i) = \frac{\exp(X_{ij}\beta + W_i\beta_j)}{\sum\limits_{k=1}^{J}\exp(X_{ik}\beta + W_i\beta_k)} \tag{6.5}$$

对于方程(6.5)，考虑到出售数量 q_i 由农户的选择内生决定，为了解决内生性问题，采用工具变量法将 q_i 视为产量、农户特征、影响交易次数等因素的函数。

通过估计方程(6.4)，可以得到固定交易费用对净价格(指扣除了可变交易费用的价格，即 $p_{ij} - TC_{ij}^p$)的影响，该方法需要对联立方程组(6.1)、(6.2)进行估计。

价格方程为：

$$p_{ij} = P_{ij}\gamma + \mu_{ij} \tag{6.6}$$

其中，$P_{ij} = \{\bar{p}_j, q_i, z_i^b\}$，$\gamma$ 为待估参数，μ_{ij} 为呈正态分布的残差项，均值为 0。因此，可变交易费用方程可以表示为：

$$TC_{ij}^p = TC_{ij}\delta + \nu_{ij} \tag{6.7}$$

其中，$TC_{ij}^p = \{d_{ij}, m_{ij}, z_{ij}^p\}$，$\delta$ 为待估参数，ν_{ij} 为呈正态分布的残参项，均值为 0。因此，市场选择可表示为：

$$j_i = \arg\max_k\{\Pi_{ik}^* = X_{ik}\beta + W_i\beta_k + \varepsilon_{ik}\}, k = 1, 2, \cdots, J \tag{6.8}$$

其中，Π_{ik}^* 为在每一个市场 k 进行第 i 次交易所获得的净利润，$X_{ik} = \{p_{ik} - TC_{ik}^p, z_{ik}^f\}$，$W_i = \{1, q_i\}$，$\beta$ 和 β_k 为待估参数，ε_{ik} 为残差项。

对以上方程的联合估计会导致一些问题，预期价格 p_{ij} 和可变交易费用 TC_{ij}^p 只能基于交易 i 在市场 j 发生的前提下才能被估计出来，即 $j_i = j$。然而方程(6.8)需要知道所有市场所有交易的参数,即$(p_{ik} - TC_{ik}^p, \forall k)$。因此,需要采用二阶段估计方法。首先,对于第一个市场j,可以通过估计方程(6.6)和(6.7)来纠正市场选择偏差,得到:

$$p_{ij} = P_{ij}\gamma + \hat{\lambda}_{ij}\xi + \mu_{ij}^*,若\ i\,|\,j_i = j$$

$$TC_{ij}^p = TC_{ij}\delta + \hat{\lambda}_{ij}\zeta + \nu_{ij}^*,若\ i\,|\,j_i = j$$

进一步地,可以估计出所有市场所有交易的$\hat{p}_{ij}$和$\widehat{TC_{ij}^p}$:

$$\hat{p}_{ij} = P_{ij}\hat{\gamma} + \hat{\lambda}_{ij}\hat{\xi}$$

$$\widehat{TC_{ij}^p} = TC_{ij}\hat{\delta} + \hat{\lambda}_{ij}\hat{\zeta}$$

利用以上估计值,可以推出所有市场所有交易净价格的参数,加上通过工具变量法估计的出售数量$\hat{q}_i$以及固定交易费用$TC^f(z_{ij}^f)$,便可以估计出市场选择模型:

$$\Pr(j_i = j \,|\, X_{ij}, W_i) = \frac{\exp(X_{ij}\beta + W_i\beta_j)}{\displaystyle\sum_{k=1}^{J}\exp(X_{ik}\beta + W_i\beta_k)}$$

其中,$X_{ij} = \{\hat{p}_{ij} - \widehat{TC_{ij}^p}, Z_{ij}^f\}$,$W_i = \{1, \hat{q}_i\}$,从对变量$Z_{ij}^f$估计出来的参数中可以得到固定交易费用对市场选择的影响,既然农户层面的净价格$\hat{p}_{ij} - \widehat{TC_{ij}^p}$是由价格衡量的,那么得到固定交易费用对价格影响的比率后,就可以算出由价格表示的固定交易费用的大小。

本书计量部分的模型设置沿用了VSJ模型的思想。

6.2.2 几种相对成熟的计量模型在交易费用测度中的运用[①]

6.2.2.1 似不相关线性回归(SUR系统)

• 理论模型

Zellner(1962)对多变量线性回归模型进行了研究,并将这种模型称为似不相关线性回归模型,简称为SUR系统。一个SUR系统包含g个因变量,每个因变量有n个观测值。从理论上来讲,这些因变量可以是在同一时点或同一

---

① [美]罗素·戴维森,詹姆斯·麦金农.计量经济理论与方法[M].沈根祥译.上海:上海财经大学出版社,2006:399—443.

横截面上测量得到的任何变量，但实际上，因变量之间往往非常相似，这一模型假定有 g 个因变量，以 i 为下标，设 y_i 表示对第 i 个因变量观测形成的 n 维向量，X_i 表示第 i 个方程中的回归因子形成的 $n \times k_i$ 矩阵，β_i 表示 k_i 维参数微量，u_i 表示 n 维误差项向量。于是，多变量线性回归模型中的第 i 个方程可以写成：

$$y_i = X_i\beta_i + u_i, \mathrm{E}(U_iU_i^T) = \sigma_{ii}I_n \tag{6.9}$$

其中，I_n 为 $n \times n$ 单位矩阵。在大多数情况下，两个或多个 X_i 具有一些相同的列向量。由于(6.9)式是具有 IID 误差项的线性回归模型，假设 X_i 的所有列都是外生的或者前定的，则完全可以采用普通最小二乘法来估计。但是，这没有考虑到不同方程之间误差项的相关性。在很多情况下，方程 i 中第 t 个观测的误差项 u_{ti} 与方程 j 中第 t 个观测的误差项很可能是相关的。为了反映这种相关性，对模型(6.9)中的误差项做如下假设：

对所有的 t，$\mathrm{E}(u_{ti}u_{tj}) = \sigma_{ij}$；对所有的 $t \neq s$，$\mathrm{E}(u_{ti}u_{sj}) = 0$。

其中，σ_{ij} 为 $g \times g$ 正定矩阵 $\boldsymbol{\Sigma}$ 的第 (i,j) 位置上的元素。这个假设考虑了对给定的 t 所有 u_{ti} 之间的相关性，但同时设定这些误差项同方差，且对不同的 t 是独立的。矩阵 $\boldsymbol{\Sigma}$ 称为同期协方差矩阵。也可以将误差项 u_{ti} 排成一个 $n \times g$ 矩阵 U，其代表行是 $1 \times g$ 向量 U_t，从上述假设得出 $\mathrm{E}(U_t^TU_t) = \dfrac{1}{n}\mathrm{E}(U^TU) = \boldsymbol{\Sigma}$。

将(6.9)式中的方程 $i = 1, 2, \cdots, g$ 和假设放在一起，得到古典 SUR 模型。

还要对不同类型的外生性和前定性做出假设。一个很强的假设是 $\mathrm{E}(U_t \mid X_t) = 0$，$X_t$ 表示矩阵 X 的第 t 行，这个假设类似于变量回归模型的前定性假设。

准确地讲，线性 SUR 系统的估计依赖于对矩阵 $\boldsymbol{\Sigma}$ 的进一步假定以及关于误差项分布的假设。最简单的情形是假定 $\boldsymbol{\Sigma}$ 已知（至少除了一个常数因子外已知），而不设定误差项分布。合适的估计方法是广义最小二乘法。如果放松 $\boldsymbol{\Sigma}$ 已知的假设，则要采用可行 GLS。如果假定 $\boldsymbol{\Sigma}$ 未知但增加误差项服从正态分布的假设，则可以采用极大似然估计，两种假设得出的估计是一致的，甚至在正态性假设不成立时也如此。在实际研究中，可广泛应用可行 GLS 和 ML 两种方法。

• 模型应用

Bailey 和 Hunnicutt(2002) 在研究犹他州肉牛养殖户市场渠道的选择问

题时采用了 SUR 模型。每种市场渠道的回归方程如下：

$$P_{ijk} = \alpha_j + \sum_{l=1}^{3} \beta_{jl} IC_{ijl} + \sum_{m=1}^{7} \delta_{jm} NC_{ijm} + \sum_{n=1}^{2} \phi_{jn} MC_{ijn}$$

$$+ \sum_{p=1}^{8} \gamma_{jp} SOC_{ijp} + \lambda_j YEARLING_{ijk} + \varepsilon_{ijk}$$

其中，P_{ijk} 是第 i 个养殖户将第 k 种类型的牛卖到第 j 类市场的比例。市场类型共 4 种，包括传统拍卖、直接销售、录像拍卖、网络拍卖。IC, NC, MC 分别代表受访对象对于信息成本、谈判成本、执行成本的感知，α 为常数项，$\beta, \delta, \phi, \gamma, \lambda$ 均为待估参数，ε 为残差项。由于 P 为比例，预期 4 个模型的残差项应该彼此相关，因此可采用 SUR 系统加以估计。

6.2.2.2 Tobit 回归模型

• 理论模型

在限值因变量模型中，在严格为正值时大致连续，但总体中有一个不可忽略的部分取值为零。Tobit 模型是由 Tobin(1958)在一篇论文中首先提出的，其最简单的形式为：

$$y_t^\circ = X_t\beta + u_t, \ u_t \sim \mathrm{NID}(0, \sigma^2)$$

如果 $y_t^\circ > 0$，则 $y_t = y_t^\circ$，否则 $y_t = 0$。

其中，y_t° 为因变量，在取正值时才能被观测到。当因变量为负时，观测被删失，而观测到的是 $y_t = 0$。Tobit 模型的对数似然函数略有变化：

$$\Pr(y_t = 0) = \Pr(y_t^\circ \leqslant 0) = \Pr(X_t\beta + u_t \leqslant 0)$$

$$= \Pr\left(\frac{u_t}{\sigma} \leqslant \frac{-X_t\beta}{\sigma}\right) = \Phi(-X_t\beta/\sigma)$$

由于 $y_t = 0$ 的概率为正，故 $y_t = 0$ 对应的观测值对对数似然函数的贡献不应是密度的对数，而是一个概率的对数，即：

$$l_t(y_t, \beta, \sigma) = \log\Phi(-X_t\beta/\sigma) \tag{6.10}$$

如果 y_t 为正，则 y_t 的密度存在，对对数似然函数的贡献等于密度的对数：

$$\log\left\{\frac{1}{\sigma}\phi\left[(y_t - X_t\beta)/\sigma\right]\right\} \tag{6.11}$$

与没有删失发生的古典正态线性回归模型中观测到的对数似然函数的贡献相同。

将删失观测的贡献表达式(6.10)和未删失观测的贡献表达式(6.11)结

合在一起，可得到 Tobit 模型的对数似然函数：

$$\sum_{y_t=0}\log\Phi(-X_t\beta/\sigma)+\sum_{y_t>0}\log\left\{\frac{1}{\sigma}\phi\left[(y_t-X_t\beta)/\sigma\right]\right\}$$

Tobit 模型中因变量的分布是离散分布和连续分布的混合分布，这并不会改变 Tobit 模型极大似然估计量的一致性和渐近正态性。

• 模型应用

Hobbs(1997)在研究交易费用对英国农户肉牛销售渠道的影响时，采用了 Tobit 模型。由于因变量是通过拍卖销售肉牛的比例，该比例介于 0 至 1 之间，但也可能为 0 或 1，因此作者采用了 Tobit 模型。具体设置如下：

$$y^*=\beta'x+\mu$$
$$y=L_1，若\ y^*\leqslant L_1$$
$$=y^*，若\ L_1<y^*<L_2$$
$$=L_2，若\ y^*\geqslant L_2$$

其中，y^* 代表活体出售肉牛的比例，x 是交易费用变量和农户特征变量。下限 $L_1=0$ 即通过活体拍卖的比例为 0，上限 $L_2=1$ 即通过活体拍卖的比例为 100%，该模型的似然方程为：

$$L(\beta,\sigma\,|\,y,x,L_1,L_2)$$
$$=\prod_{y=L_1}\Phi\left(\frac{L_1-\beta'x}{\sigma}\right)\prod_{y=y^*}\frac{1}{\sigma}\left(\frac{y-\beta'x}{\sigma}\right)\times\prod_{y=L_2}\left[1-\Phi\left(\frac{L_2-\beta'x}{\sigma}\right)\right]$$

通过对上式求极大值，可以计算出解释变量的变化对被解释变量的影响，令：

$$l_1=\left(\frac{L_1-\beta'x}{\sigma}\right),l_2=\left(\frac{L_2-\beta'x}{\sigma}\right),\Phi_1=\Phi(l_1),\Phi_2=\Phi(l_2)$$

在 y^* 介于 0 到 1 之间时，y 的条件期望值为：

$$E(y\,|\,L_1<y^*<L_2)=\beta'x+E(\mu\,|\,L_1-\beta'x<\mu<L_2-\beta'x)$$
$$=\beta'x+\sigma\frac{\phi_1-\phi_2}{\Phi_1-\Phi_2}$$

没有 y^* 介于 0 到 1 的约束时，y 的"非条件"期望值为：

$$E(y)=P(y=L_1)\cdot L_1+P(L_1<y^*<L_2)\cdot E(y\,|\,L_1<y<L_2)$$
$$+P(y=L_2)\cdot L_2$$
$$=\Phi_1 L_1+\beta'x(\Phi_2-\Phi_1)+\sigma(\phi_1-\phi_2)+(1-\Phi_2)L_2$$

将 $L_1 = 0, L_2 = 1$ 代入方程,可以算出解释变量的变化对被解释变量的影响,即:

$$\frac{\partial E(y)}{\partial x_j} = 0\left(\frac{-\hat{\beta}}{\hat{\sigma}}\right)\phi_0 - 1\left(\frac{-\hat{\beta}}{\hat{\sigma}}\right)\phi_1 + (\Phi_1 - \Phi_0)\hat{\beta} + \tilde{\beta}x_i\left[\left(\frac{-\hat{\beta}}{\hat{\sigma}}\right)\phi_1 - \left(\frac{-\hat{\beta}}{\hat{\sigma}}\right)\phi_0\right] + \hat{\sigma}\left[-l_0\left(\frac{-\hat{\beta}}{\hat{\sigma}}\right)\phi_0 - (-l_1)\left(\frac{-\hat{\beta}}{\hat{\sigma}}\right)\phi_1\right]$$

$$= \left(\frac{-\hat{\beta}}{\hat{\sigma}}\right)\left[(0 - \tilde{\beta}x) - \hat{d}l_0\right]\phi_0 - \left(\frac{-\hat{\beta}}{\hat{\sigma}}\right) \times \left[(1 - \tilde{\beta}x) - \hat{dl_1}\right]\phi_1$$

$$+ (\Phi_1 - \Phi_0)\hat{\beta} = (\Phi_1 - \Phi_0)\hat{\beta} = \left[Pr(0 < y^* < 1)\right]\hat{\beta}$$

这使得在因变量存在删失的情况下可以计算交易费用变量和农户特征变量对通过拍卖途径出售肉牛的比例的边际影响。Wen Gong 等(2007)也用 Tobit 模型研究了交易费用对我国内蒙古、安徽和山东等地养殖户选择肉牛销售渠道的影响。

6.2.2.3 有序 Probit 回归模型

• 理论模型

三个不同值或超过三个不同值的离散隐变量的模型很常见,这类模型被称为离散选择模型。离散选择模型可分为两类:一类处理有序响应,另一类处理无序响应。处理有序响应数据最广泛采用的模型是有序 Probit 模型,设隐变量模型为:

$$y_t^\circ = X_t\beta + u_t, u_t \sim NID(0,1)$$

实际观测到的是离散变量 y_t,通常只取已知的有限个数的值。假定取值个数为 3,且可观测变量 y_t 和隐变量 y_t° 之间的关系为:

$$y_t = 0, 若 y_t^\circ < \gamma_1$$

$$y_t = 1, 若 \gamma_1 \leqslant y_t^\circ < \gamma_2$$

$$y_t = 2, 若 y_t^\circ \geqslant \gamma_2$$

其中,$y_t = 0$ 对应于 y_t° 的较小值,$y_t = 1$ 对应于 y_t° 的中间值,而 $y_t = 2$ 对应于 y_t° 的较大值。三种情况之间的界线由参数 γ_1 和 γ_2 来决定。这些阈值参数决定着 y_t° 如何转换成三个可能的 y_t 值,这些参数通常需要估计。如果 X_t 包含常数项,则常数项和 γ_1, γ_2 不能同时被识别。一般情况下,不包含常数项的有序 Probit 模型的阈值参数个数等于选择个数减去 1,即当只有两种选择时,只有一个阈值参数,阈值参数等价于常数项,此时有序 Probit 模型可被简化为带常数项的普通 Probit 模型。

为求出模型的对数似然函数，需要求出三个事件 $y_t = 0, y_t = 1, y_t = 2$ 的概率。

$y_t = 0$ 的概率为：

$$\Pr(y_t = 0) = \Pr(y_t^{\circ} < \gamma_1) = \Pr(X_t\beta + u_t < \gamma_1)$$
$$= \Pr(u_t < \gamma_1 - X_t\beta) = \Phi(\gamma_1 - X_t\beta)$$

$y_t = 2$ 的概率为：

$$\Pr(y_t = 2) = \Pr(y_t^{\circ} \geqslant \gamma_2) = \Pr(X_t\beta + u_t \geqslant \gamma_2)$$
$$= \Pr(u_t \geqslant \gamma_2 - X_t\beta) = \Phi(X_t\beta - \gamma_2)$$

$y_t = 1$ 的概率为：

$$\Pr(y_t = 1) = 1 - \Pr(y_t = 0) - \Pr(y_t = 2)$$
$$= 1 - \Phi(\gamma_1 - X_t\beta) - \Phi(X_t\beta - \gamma_2)$$
$$= \Phi(\gamma_2 - X_t\beta) - \Phi(\gamma_1 - X_t\beta)$$

这些概率只依赖于指标函数 $X_t\beta$ 的值和两个阈值参数。有序 Probit 模型的对数似然函数为：

$$l(\beta, \gamma_1, \gamma_2) = \sum_{y_t=0} \log[\Phi(\gamma_1 - X_t\beta)] + \sum_{y_t=2} \log[\Phi(X_t\beta - \gamma_2)]$$
$$+ \sum_{y_t=1} \log[\Phi(\gamma_2 - X_t\beta) - \Phi(\gamma_1 - X_t\beta)]$$

• 模型应用

屈小博和霍学喜（2007）采用有序 Probit 模型，分析了苹果流通中交易费用对农户农产品销售行为的影响，及不同经营规模农户在销售农产品时所面临的约束。研究以农户销售苹果时出售给果商的数量占农户苹果销售量的比例作为被解释变量，将该变量设置为 1~5 等级的分类变量，从而得出交易费用和农户特征变量对销售给果商的苹果比例的影响。

6.2.3　模型回顾总结与说明

与传统新古典经济理论认为无摩擦的经济中不存在商业活动不同，交易费用经济学认为任何交易都会产生成本，对交易费用外延的分析大多是把交易费用分为交易前、交易中和交易后的各种与交易有关的成本（Williamson，1979,1985,1988,1989）。在已有的为数不多的经验研究中，学者们从信息成本、谈判成本、监督或执行成本三个方面,根据特定的研究对象、采用不同的指标来量化交易费用及其影响(Hobbs,1997;Bailey and Hunnicutt,2002;Vakis、Sadoulet and Janvry,2003;Lu,2006;Gong,2007;屈小博、霍学喜,2007)。

在研究方法方面,已有的研究多采用 Tobit 模型或有序 Probit 模型,将农户销往某一渠道的农产品的比例作为因变量,这就使模型的解释力有所局限,只能分析交易费用对农产品销往某一特定渠道比例高低的影响。本书与以往研究的不同之处在于,以传统水果梨为研究对象,运用了多元 Logit 模型设置,据以解释交易特征和农户特征对农户选择不同销售渠道的影响。

6.3 经验研究结果

6.3.1 计量模型设定

6.3.1.1 Multinomial Logit 一般模型

对于面临 J 种选择的第 i 个消费者,假设选择 j 的效用是:

$$U_{ij} = Z'_{ij}\beta + \varepsilon_{ij}$$

如果消费者选择了 j,则假定 U_{ij} 最大化了 J 种选择的效用。因此,统计模型由选择 j 的概率 $\Pr(U_{ij} > U_{ik})$,$\forall k \neq j$ 来表达。

Multinomial Logit 模型可用来处理具有 $J+1$ 个响应值的问题,其中 $J \geqslant 1$。根据这个模型,每个响应被观测到的概率为:

$$\Pr(y_t = l) = \frac{\exp(W_{tl}\beta^l)}{\sum_{j=0}^{J}\exp(W_{tj}\beta^j)}, l = 0, 1, \cdots, J$$

其中,W_{tj} 是相关信息集合中某个变量的 k_j 个观测值所形成的行向量,β^j 是 k_j 维参数向量,对于每个 $j=0,1,\cdots,J$ 通常不相同。

Multinomial Logit 模型的估计可以直接获得,其对数似然函数可以写成:

$$\sum_{t=1}^{n}\left\{\sum_{j=0}^{J}I(y_t = j)W_{tj}\beta^j - \log\left[\sum_{j=0}^{J}\exp(W_{tj}\beta^j)\right]\right\}$$

6.3.1.2　计量模型运用

根据前文建立的实证研究框架,农户销售梨果时对契约模式的选择是一个关于交易特征与农户特征的函数。也即,交易的因素和农户自身的因素共同决定了农户契约选择的一个均衡结果。根据 Multinomial Logit 回归模型,本书的农户面对 5 种契约选择方式,即消费者契约模式、批发商契约模式、零售商契约模式、集团购买契约模式和合作社契约模式。选取最为传统的消费者契约模式为参照,并进行系数标准化处理后即可求得边际效益。

表 6.5　被解释变量的名称及样本分布

契约类型	序号	交易双方	样本分布	
			户	比例(%)
消费者契约模式	0	农户—个体消费者	45	13.76
批发商契约模式	1	农户—梨果批发商	154	47.09
零售商契约模式	2	农户—水果零售商	60	18.35
集团购买契约模式	3	农户—集团购买者	36	11.01
合作社契约模式	4	农户—农民专业合作社	32	9.79

资料来源:笔者根据课题组对农户的调查数据整理所得。

6.3.2　交易特征与农户特征描述

按照现代契约理论的观点,所有的市场交易,无论是长期的还是短期的,显性的还是隐性的,都可以看作是一种契约关系,并可以作为经济分析的基本要素。既然契约的不确定性是交易费用产生的基本原因,那么交易费用的差异是否会影响农户的契约选择行为? 为了回答该问题,本书做出的基础假设认为,交易费用是影响农户选择不同契约方式的重要因素。我们以不同的销售渠道作为被解释变量,以交易特征作为主要解释变量,同时控制住不同农户特征和价格因素的影响,并选取最为传统的交易方式,即农户自行零售给个体消费者的销售方式为参照。

6.3.2.1　交易特征

• 交易前的信息成本

交易前的信息成本是指农户搜寻潜在买主和了解市场价格的成本，农户在寻找市场信息时耗费的时间与精力越多，信息成本就越高。我们用三项指标来反映农户的信息成本，即"交易前是否认识买主"、"是否通过中介"、"每次交易前农户了解其他市场价格的次数"。初步统计结果显示，销售产品给合作社和集团购买者的农户在交易前认识买主的比例较其他渠道更高。

果品站是连接小农户与批发商的重要媒介。所谓的"果品站"是指由乡村里的"能人"开办，按成交量收取中介费用，为本地及外地批发商收购梨果提供场所、信息，并帮助其组织货源和从事简易包装的小型梨果集散地。另一类中介组织是在大型水果批发市场内提供场地的单位或个人。初步统计结果显示，在产地集散市场销售给批发商为主的农户有半数以上通过当地中介组织，在大型水果批发市场销售给零售商为主的农户则有三成以上依靠市场内的中介。

农户在每次交易前了解其他市场价格信息的次数越多，付出的信息成本就越高，因此预计对农户选择该渠道将会有负向影响。初步统计结果显示，以产地集散市场为主要渠道的农户需要更多地了解市场价格，这与我们观察到的产地果品站的价格变动情况极其频繁有关。以集团购买者为主要销售渠道的农户需要参考其他市场的定价情况。

• 交易时的谈判成本

交易时的谈判成本主要表现为农户与买主就梨果价格和质量进行谈判的费用。农户选择不同的销售渠道，在价格上可谈判的余地是不同的，我们以"成交时与买主就价格的谈判回合"来反映农户是被动接受价格还是主动与买主谈判以达成成交价格，以"农户是否能对质量提出异议"来反映农户在质量方面的"发言权"。预计上述两项指标对农户选择相应的渠道有正向影响。由于部分渠道是通过电话的方式商谈，因此我们选用"双方电话通话次数"来反映不可观测的其他谈判成本，通话次数越多，农户支付的谈判成本越高，因此预计该指标对农户选择相应的渠道有负向影响。

初步统计结果表明，不同渠道的讨价还价回合数是不同的，自行零售时农户可谈判的空间最大，销售给集团客户一般为一口价交易，双方较少对质量产生异议。农户通过批发市场出售梨果给零售商时，双方就价格谈判的次数较多,农户也较多地对质量认定提出异议。合作社一般采用明码标价和机器选果,价格不可商议,农户很少就质量提出异议。具体如表6.6所示。

表6.6　不同契约模式的交易特征描述

阶段	渠道 项目	个体消费者		批发商		零售商		集团客户		合作社	
		均值	标准误	均值	标准误	均值	标准误	均值	标准误	均值	标准误
价格	平均价格 (元/公斤)	2.01	0.77	1.51	0.72	1.77	1.55	3.77	1.38	2.40	0.44
信息 成本	交易前是 否认识买主	0.07	0.26	0.28	0.45	0.25	0.65	0.60	0.50	0.94	0.25
	是否通过中介	0	0	0.58	0.50	0.31	0.47	0.06	0.24	0	0
	了解价格 次数(次)	0.68	0.77	1.22	2.60	0.98	1.95	1.17	1.29	0.60	0.83
谈判 成本	农户能否对 质量提出异议	0.36	0.49	0.52	0.52	0.58	0.54	0.06	0.24	0.06	0.25
	讨价还价 回合(次)	2.68	0.98	1.59	1.05	2.35	1.03	1.17	0.71	1.56	2.53
	电话通话 次数(次)	0	0	1.07	2.25	2.06	8.29	2.09	3.35	1.06	0.77
执行 成本	每次成交 量(公斤)	102	75	1799	7423	1378	1693	1381	1685	825	479
	交易所需 时间(小时)	5.58	3.60	5.09	6.51	14.26	21.18	3.20	6.37	2.75	1.91
	现金支付 比例(%)	100	0	81.07	37.74	92.31	26.91	51.86	44.19	31.25	47.87
运输 成本	到成交地点 运输时间(分)	45.79	34.42	33.67	35.76	96.54	106.40	56.80	55	18.50	7.66
	运输费用 (元/50公斤)	1.54	0.57	1.12	5.60	4.56	6.77	1.92	0.92	0.68	0.13

资料来源:笔者根据课题组的调查问卷整理所得。

· 交易后的执行成本

交易后的执行成本主要包括三个方面,分别是每次成交数量、交易所需时间、现金支付比例等反映农户遵守合约所耗费的成本。

初步统计结果显示,本地集散市场以其大批量和较高的现金支付率吸引农户,合作社方式是最为快速的成交方式,但欠款比例较高,需要等到年终结算或合作社出售梨果以后付清。

• 运输成本

运输成本是一类可单独观测到的交易费用。由于道路交通条件和农户采用的交通工具不同,课题组以"果园到成交地点的运输时间"和"单位重量的运输费用"两个指标来反映农户实际付出的交通成本。预计上述两项指标对农户选择相应的渠道有负向影响。

6.3.2.2 农户特征

• 农户种植规模

从样本总体来看,被调查农户的种植规模从 0.3 亩到 500 亩不等,其中 5 亩及以下的农户占 47.4%,5 亩以上 20 亩及以下的农户占 38.53%,20 亩以上 50 亩及以下的农户比例为 10.09%,种植面积 50 亩以上的农户比例为 3.98%。

从销售渠道来看,以自行零售为主要渠道的农户种植规模普遍偏小,规模较大的农户必须寻求交易量较大的批发模式。具体表现为通过批发市场或本地中介组织进行批发销售,或批发给集团客户。

从专业化程度来看,以梨园占农户全部土地的比例衡量其专业化程度,全部样本的平均专业化程度为 64.67%,以合作社为主要市场渠道的农户专业化程度高达 78.23%,自行零售的农户专业化程度最低。

• 农户专用资产投资

梨果的生产对专用性资产的要求并不高,主要表现为土地投资、农机具投资和运输工具投资。除农户自有土地以外,有 48.93% 的农户或多或少都从不同途径租入土地以从事梨果生产。以合作社为主要销售渠道的农户租入土地的积极性较高,这从侧面印证了合作社对降低农户市场风险的作用。相反地,越是传统的销售渠道,农户租入土地经营的积极性也越低。

从农户对农机具和运输工具的投资来看,越是传统的销售渠道反而需要越多的专用资产投资。原因在于,专用资产投资中运输工具的投资占到了较大的比例,由于交易地点距离果园较远,农户自行零售或是运到批发市场销售都需要依赖于运输工具。果品收购站和合作社距离果园较近,农户大多采用人力运输为主的方式。集团客户也往往都在农户所在县的范围内,因此小型运输工具即可满足运输要求。

• 农户人力资本与社会资本

除自行零售的农户受教育程度较低外,其他各销售渠道的农户受教育程度相当。就农户种植经验而言,由于合作社是近年来才发展起来的农民组织,以合作社为主要销售渠道的农户种植梨果的年限也偏短。类似地,河北省梨果种植年限长且种植地域集中,在所谓的"专业村"出现了专业梨果收购站。

被调查农户平均每年参加 2～3 次技术培训,但各销售渠道农户培训次数的差异并不明显。培训多由当地政府农技部门组织,合作社也承担了部分农户培训的职责。

就农户的社会资本而言,将梨果销售给集团购买者的农户绝大多数从事过非农职业,有相当高比例的农户有亲友从事与梨果销售有关的职业。

合作社是提高农民组织化程度的重要方式,但合作社需要进一步规范和完善其组织形式和运行方式。调查发现,并非所有的合作社成员都将合作社作为最主要的销售渠道,将集团购买者作为最主要的销售渠道的农户中也有相当比例的是合作社成员。另一方面,有 12% 的非合作社成员以合作社作为主要销售渠道,由此说明,合作社并没有严格界定成员与非成员的责、权、利关系。

表 6.7　农户特征与契约选择

阶段	渠道	个体消费者		批发商		零售商		集团客户		合作社	
	项目	均值	标准误	均值	标准误	均值	标准误	均值	标准误	均值	标准误
规模	种植规模(亩)	4.19	3.66	10.85	25.04	28.18	72.04	22.44	42.99	12.99	9.86
	梨园占总土地的比例(%)	55.10	0.26	62.00	0.26	68.20	0.28	77.14	0.21	78.23	0.23
专用资产	租入梨地的比例(%)	24.99	37.04	33.31	42.37	53.02	45.37	57.09	41.25	64.71	41.75
	固定资产折旧(元/年)	95.99	114.97	60.71	67.33	99.41	194.28	32.20	40.70	32.63	38.32

续　表

| 阶段 | 渠道 | 个体消费者 | | 批发商 | | 零售商 | | 集团客户 | | 合作社 | |
	项目	均值	标准误	均值	标准误	均值	标准误	均值	标准误	均值	标准误
人力及社会资本	受教育程度(年)	6.54	2.96	8.04	2.73	8.25	2.92	8.63	2.89	8.25	3.28
	种植年限(年)	9.21	4.20	14.83	8.87	13.40	9.83	9.89	5.21	7.81	2.69
	每年培训次数(次)	2.04	2.52	2.44	2.74	2.40	2.64	3.09	2.62	2.88	2.50
	是否从事过非农职业	0.64	0.49	0.56	0.50	0.69	0.47	0.86	0.36	0.75	0.45
	是否有亲友从事相关职业	0.29	0.46	0.28	0.45	0.23	0.43	0.29	0.46	0.19	0.40
	是否是合作社会员	0.69	0.47	0.22	0.42	0.42	0.50	0.69	0.47	0.88	0.34

资料来源：笔者根据课题组的农户调查问卷整理所得。

6.3.3　模型估计结果及讨论

通过描述性统计分析得到的直观印象是,不同渠道的交易费用确有差异。进一步的计量模型分析,是为了验证在保持其他条件不变的前提下,各种类型的交易费用是否会影响农户选择不同的销售渠道、影响的方向如何,以及在多大程度上能够通过统计检验。

表6.8交代了纳入模型中的各个变量：

表6.8　变量名称及描述

变量名称	变量描述	单　位
X1	平均售价	元/公斤
X2	交易前是否认识买主	是/否
X3	是否通过中介	是/否
X4	交易前了解其他市场价格的次数	次

变量名称	变量描述	单 位
X5	农户能否对梨果质量提出异议	能/不能
X6	交易时讨价还价的回合数	次
X7	交易时电话通话次数	次
X8	每次交易的成交量	公斤
X9	完成一次交易所需的时间	小时
X10	现金支付比例	%
X11	到成交地点的运输时间	分
X12	运输费用	元/50公斤
X13	种植规模	亩
X14	固定资产折旧	元/年
X15	种植年限	年

数据处理借助 Stata 9.0 软件包，为了控制来自同一村庄的样本可能存在的相似性问题，在数据处理过程中按村进行聚集(cluster)处理，得到的估计结果和边际效应分别如表 6.9 和表 6.10 所示。

从回归结果来看，模型拟合效果较好，大多数表征交易费用的变量都达到了统计意义上的显著水平，且影响方向与预期结果基本一致，从而验证了"交易费用是影响农户契约选择的重要因素"这一假设。但农户个人与家庭特征对农户选择不同契约方式的影响并不显著。

• 不同的信息成本对各个渠道的影响不同

估计结果显示，相对于农户自行零售而言，"交易前是否认识买主"对农户选择销售梨果给合作社有正向影响。其原因在于，农户交易前认识买主可以降低农户寻找潜在买主的信息成本，并降低农户的不确定性预期。

相对于自行零售而言，"是否通过中介"对农户选择就地销售给批发商有显著的负向影响。其原因在于，中介组织在一定程度上垄断着产地的非正规批发市场，但农户对该市场仍然有很大程度的依赖性。

"交易前了解其他市场价格的次数"对农户选择集团购买者有显著的负向影响,即与自行零售相比,农户与集团购买者交易前不需要过多地了解其他市场的价格。

• 多数谈判成本对各个渠道影响显著

"农户能否对梨果质量提出异议"对农户选择批发商契约模式和零售商契约模式有显著影响。

"在交易时与买主讨价还价的回合"所反映的农户价格谈判能力对农户选择合作社契约模式有正向影响,可能的解释是,农户更倾向于选择不需要进行反复谈判的契约方式。

表 6.9 模型估计结果

渠道	编号	解释变量	系数	标准误	Z 值	P 值
批发商契约模式	X1	该渠道平均成交价格	−0.8188	0.3648	−2.2400	0.0250
	X2	在交易前是否认识买主	1.2517	0.9719	1.2900	0.0900
	X3	是否通过中介	13.1179	3.0772	4.2600	0.0000
	X5	农户能否对梨果质量提出异议	4.2167	1.5239	2.7700	0.0060
	X6	在交易时与买主讨价还价的回合	−0.8624	0.3435	−2.5100	0.0120
	X7	每次交易的电话通话次数	−0.7528	0.2835	−2.6600	0.0080
	X8	每次交易的数量	0.0338	0.0110	3.0800	0.0020
	X9	每次交易持续的时间	−0.0097	0.0032	−3.0600	0.0020
	X10	现金支付比例	6.0144	3.6791	1.6300	0.1000
	X11	到成交地点所耗时间	−0.0206	0.0071	−2.9100	0.0040
	X12	交通费用	−0.0878	0.0223	−3.9300	0.0000
	X14	专用性资产投资	−0.0077	0.0024	−3.2600	0.0010

渠道	编号	解释变量	系数	标准误	Z 值	P 值
零售商契约模式	X1	该渠道平均成交价格	−0.7184	0.3573	−2.0100	0.0440
	X3	是否通过中介	11.8971	2.9820	3.9900	0.0000
	X5	农户能否对梨果质量提出异议	4.0553	1.5300	2.6500	0.0080
	X7	每次交易的电话通话次数	−0.6538	0.2697	−2.4200	0.0150
	X8	每次交易的数量	0.0335	0.0110	3.0500	0.0020
	X9	每次交易持续的时间	−0.0083	0.0033	−2.5500	0.0110
	X10	现金支付比例	6.5304	2.1687	1.3100	0.0260
	X11	到成交地点所耗时间	−0.0206	0.0071	−2.8800	0.0040
	X12	交通费用	−0.0750	0.0231	−3.2400	0.0010
集团购买模式	X1	该渠道平均成交价格	1.6142	0.7377	2.1900	0.0290
	X4	交易前了解其他市场价格的次数	−2.2041	0.9267	−2.3800	0.0170
	X5	农户能否对梨果质量提出异议	3.0348	1.8413	1.6500	0.0990
	X6	在交易时与买主讨价还价的回合	−1.5209	0.5060	−3.0100	0.0030
	X7	每次交易的电话通话次数	−0.6907	0.2771	−2.4900	0.0130
	X8	每次交易的数量	0.0337	0.0110	3.0700	0.0020
	X9	每次交易持续的时间	−0.0108	0.0033	−3.2300	0.0010
	X10	现金支付比例	7.9035	3.7186	2.1300	0.0340
	X11	到成交地点所耗时间	−0.0217	0.0072	−3.0000	0.0030
	X12	交通费用	−0.0770	0.0223	−3.4500	0.0010
	X14	专用性资产投资	−0.0224	0.0067	−3.3300	0.0010

续　表

渠道	编号	解释变量	系数	标准误	Z 值	P 值
合作社销售模式	X2	交易前是否认识买主	3.2211	1.1279	2.8600	0.0040
	X4	交易前了解其他市场价格的次数	−1.2094	0.4858	−2.4900	0.0130
	X5	农户能否对梨果质量提出异议	2.9342	1.6232	1.8100	0.0710
	X6	在交易时与买主讨价还价的回合	−0.9201	0.4484	−2.0500	0.0400
	X7	每次交易的电话通话次数	−0.9336	0.3870	−2.4100	0.0160
	X8	每次交易的数量	0.0325	0.0110	2.9500	0.0030
	X9	每次交易持续的时间	−0.0089	0.0034	−2.5900	0.0100
	X10	现金支付比例	9.1906	3.6716	2.5000	0.0120
	X11	到成交地点所耗时间	−0.0242	0.0112	−2.1600	0.0310
	X12	交通费用	−0.0581	0.0228	−2.5500	0.0110
	X15	种植年限	−0.3611	0.1085	−3.3300	0.0010
观察值数			327			
Prob＞chi2			0.0000			
对数似然比(Log likelihood)			−647.2108			
伪判决系数(Pseudo‐R2)			0.51329			

- 执行成本对各个渠道影响显著

与自行零售相比,农户更倾向于选择单次成交量大的销售渠道。单次交易成交量越大,单位重量的梨果所分担的执行成本越低。交易时间越长,对农户选择该渠道的负向影响也越大。农户自行零售时均为现金交易,其他渠道或多或少有一定比例的欠款,现金支付比例越高,越有利于农户选择该渠道。特别是批发商契约模式和合作社契约模式,其拖欠货款情况更加严重。

- 交通成本对各个渠道有一定影响

与自行零售相比,农户更倾向于选择离果园近、交通费用低的渠道。成交地点越远,需要农户自行支付的交通费用越高,对农户选择该渠道的负向影响越显著。该结论对运输距离较远的集团购买契约模式的影响最为明显。

• 农户特征对渠道选择影响不大

农户种植规模对其选择批发商契约模式有显著影响，规模越大，农户越倾向于选择批发商契约模式。

表 6.10 基于 Multinomial Logit 模型估计的边际效应

变量名称[①]	批发商契约模式		零售商契约模式		集团购买契约模式		合作社契约模式	
	ME 系数	标准误	ME 系数	标准误	ME 系数	标准误	ME 系数	标准误
X1	0.092***	0.032	0.000	0.027	−0.072***	0.019	−0.003	0.002
X2	−0.048	0.057	0.017	0.041	0.007	0.029	0.003*	0.002
X3	−0.158**	0.066	0.064	0.053	0.040	0.032	0.001	0.011
X4	−0.001	0.012	−0.011	0.009	−0.004*	0.005	0.001	0.001
X5	−0.128**	0.058	0.114**	0.045	−0.008	0.026	0.002	0.001
X6	0.001	0.031	−0.024	0.027	−0.007	0.015	0.021**	0.001
X7	0.010	0.011	0.000	0.006	0.001	0.003	0.000	0.000
X8	0.000	0.000	0.000	0.000	0.000	0.000	0.000	0.000
X9	0.003	0.003	0.002	0.002	−0.002	0.002	−0.003*	0.021
X10	−0.002**	0.001	0.001	0.000	0.001**	0.002	−0.003*	0.007
X11	0.000	0.000	−0.001	0.000	−0.001**	0.001	0.000	0.000
X12	−0.010	0.012	0.005	0.009	0.004	0.004	0.000	0.000
X13	0.003*	0.001	0.001	0.001	0.001	0.000	0.002	0.001
X14	0.001	0.000	−0.001	0.000	−0.001	0.000	0.000	0.000
X15	−0.002	0.003	0.000	0.002	0.001	0.072	0.000	0.000

注：***、** 和 * 分别表示系数在 1％、5％和 10％水平上显著。

6.4 本章小结

本章引入了交易费用经验研究领域目前最为成熟的一种数量模型，即

---

① 变量含义同表 6.8。

VSJ 模型,该模型将新制度经济学中的交易费用纳入简化了的农户模型中,为本书数理模型和计量模型的建立提供了借鉴。在指标设置方面,本章详细总结了已有研究在测度交易费用时采用的各类指标,在分析其利弊之后,提出了适合本书研究所考察的梨果销售交易费用的衡量指标体系。在计量检验方面,本章总结了该研究领域中前人使用过的计量模型,并尝试使用以往研究尚未采用的 Multinomial Logit 模型进行估计,计量结果初步验证了"交易费用是影响农户选择不同契约模式的重要因素"这一基本假设。

7 契约安排与交易费用：基于案例研究

本章的主要目的是通过浙江省杭州市余杭区余杭镇蜜梨专业合作社实施合同农业的案例，分析合作社这一制度安排对交易费用的节省作用，特别是农民专业合作社实施的正式书面契约对交易费用的节省作用。

7.1 文献述评

新古典经济学从生产效率的角度，强调合作社的出现是为了解决市场失灵问题。交易费用经济学则从交易效率的角度，解释了农民专业合作社出现的原因。

根据新制度经济学的观点，交易费用的产生源于交易特征，即资产专用性、交易不确定性、交易的频率。由于梨果具有易腐性，投资于梨果的土地在较短时间内难以改变用途或改变用途的成本较大。当存在机会主义行为和交易双方力量不均等时，资产专用性就很容易被农户的交易伙伴利用，从而使交易费用出现增加。合作社是农民利益的联合，能够降低由资产专用性引起的交易费用。合作社较为灵活的价格机制和盈利返还的利益机制，有利于解决梨果交易过程中存在的不确定性。由于成熟梨果的上市多集中在较短的时间内，短时间内交易频率的升高会导致交易活动的内部化，进而节省交易费用。

从剩余索取权分配的角度解释合作社与股份公司的差异是研究视角之一。按资本分配和按交易额分配的差异在于，按资本分配意味着公司价值的增加部分归原有股东享有，是事先确定的，而按交易额分配则意味着剩余索取权的分配是事后按交易额确定的。剩余索取权分配的差异会导致公司实际上代表了原有资本提供者(股东)的利益，合作社则真正能代表外部交易对象(或社员)的利益，能使交易的合作剩余充分内部化。这种机制是内生的，因此能真正保护交易对象即农民的利益，相反地，政府提供保护和企业让利都是外生的，并没有经济规律上的必然性(周兆生,1999)。

从21世纪初开始，国内理论界便致力于从理论层面解释"龙头企业＋农户"向"龙头企业＋合作社＋农户"和"龙头企业＋大户＋农户"方向进一步演进的趋势。其中，周立群和曹利群(2001)对此的解释是，在"龙头企业＋农户"这一组织框架下，并无办法制约任何一方的机会主义行为，因为在签订契约时就准确地预见未来农副产品的价格是不可能的。当市场价格高于契约价格时，农户存在违约的动机；当市场价格低于契约价格时，企业存在违约的动机。同时，因为交易量小，法律对此的约束力也有限。在一次性博弈的假设下，守信是严格的劣势策略。如果在重复博弈的框架下，引入合作社或大户等组织元素，形成新的组织形态，则有利于龙头企业和农户契约关系的稳定，因为合作社或大户会考虑长远利益，制止农户的机会主义行为。

然而，周立群和曹利群(2002)又指出，龙头企业和农户间的商品契约完全有可能在长期内趋于稳定，专用性投资通过增大违约成本，在信誉机制的基础上提高了契约的稳定程度，而市场在确保履约方面的作用正是基于重复博弈中的信誉程度。由此看来，合作社的出现不仅不是必然的，甚至可能是不必要的。

杨明洪(2002)用外生交易费用和内生交易费用来解释"龙头企业＋农户"的起源及其向"龙头企业＋合作社(大户)＋农户"的演化。他认为，龙头企业和农户在市场中进行交易时的外生交易费用是巨大的，而内生交易费用则为0。双方采用长期性契约关系取代临时性市场交易关系，就可以大大降低外生交易费用，但外生交易费用和内生交易费用之间有替代性。合作社或大户等主体通过约束农户的机会主义行为，起到了节约内生交易费用的作用。

生秀东(2007)指出，应该采用广义的交易费用概念，并把交易费用区分为契约签订之前的事前交易费用和契约签订之后的事后交易费用。"公司＋农户"组织的出现是为了节省市场交易费用：一方面，企业减少了事前的交易费用，如市场搜寻成本、运输成本和质量监督费用等事后的交易费用；另一方面,农户与龙头企业签订契约后较为稳定的供求关系大大减少了各种事前交易费用,如信息成本、运输成本、垄断定价的损失、专用性投资不足的损失等。但是,由于事前交易费用和事后交易费用之间的冲突,事前交易费用的减少不可避免地会引起事后交易费用的相对增加。在合作社引入"公司＋农户"的组织链中,双方的缔约环境和市场地位发生了改变。生秀东将合作社的制度优势概括为:① 合作社能增加农户的收益。合作社有利于进一步提高农产品售价和农户收益,减少农户面临的事前交易费用,即由垄断定价所导致的损失。② 合作社代表农户对龙头企业进行监督,能够减少分散的农户对龙头企业的监督费用,合作社和龙头企业之间的交易量大,能对龙头企业的违约行为进行约束,从而减少农户因监督不足而造成的事后损失。③ 合作社给农户以信心,有利于农户进一步扩大投资规模,减少专用性投资不足的损失,即减少事前交易费用。④ 合作社直接降低了龙头企业的交易费用,包括事前的签约费用和事后的监督费用。⑤ 合作社能够对小农户的机会主义违约行为进行低成本的监督和约束,即减少龙头企业所面临的农户违约风险。

蔡荣和祁春节(2007)从交易费用与契约选择的角度分析了农业产业化组织形式的变迁,该文赞同农产品市场组织形式的选择是在当前制度环境下、作为经济人的农户与企业的一种理性选择,这种选择是在节约交易费用的基础上做出的,农产品市场组织形式的变迁,其实质就是交易效率的改进。同时,作者提出,产生"公司＋合作社＋农户"和"专业合作社"两种组织形式在不同行业市场份额差异的深层原因,主要是农产品生产的资产专用性差异。

在关于合作组织对交易费用节省的研究中,国内现有研究大多是从分析农村专业技术协会的经济合理性出发的。虽然是针对农村专业技术协会的研究,但是从近年农民专业合作社的功能来看,两者在对交易费用的节约方面有着共通之处。农民专业合作社产生和存在的经济合理性同样在于其对交易费用的节约。较经典的研究模型,主要致力于比较农户直接进入市场的交易剩余和农户通过合作社进入市场的交易剩余。具体如图 7.1 和图 7.2 所示。①

---

① 傅晨.中国农村合作经济：组织形式与制度变迁[M].北京：中国经济出版社,2006：232—234.

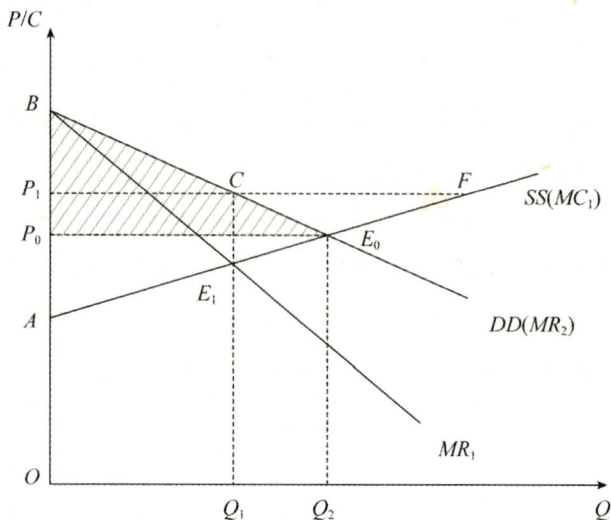

图 7.1 农户直接进入市场的交易剩余情况

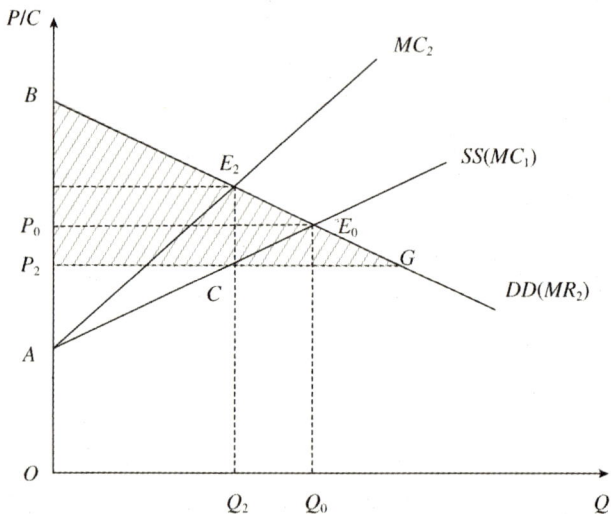

图 7.2 农户通过专业技术协会进入市场的交易剩余情况

图 7.1 和图 7.2 反映的分别是农民直接进入市场和通过专业技术协会进入市场的交易剩余情况。图 7.1 中，SS 为技术供给者的供给曲线，也即供给者的边际成本曲线 MC_1；MR_1 为技术供给者的边际收益曲线；DD 为农户对技术的需求曲线，也即农户的边际收益曲线 MR_2，MC_2 为农户获取技术的边际成本。在完全竞争市场中，市场均衡点为 SS 和 DD 的交点 E_0，均衡价格为 P_0，技术供给者的生产者剩余 PS_0 和农户的消费者剩余 CS_0 分别为：$PS_0 = \triangle P_0 E_0 A$ 的面

积，$CS_0 = \triangle P_0 E_0 B$ 的面积。而在实际交际过程中，由于单个的农户往往处于不利的谈判地位，成为被动的价格接收者，市场均衡点为 MC_1 与 MR_1 的交点 E_1，价格为 P_1。在这种情况下，技术供给者的生产者剩余 PS_1 和农户的消费者剩余 CS_1 分别为：$PS_1 = \triangle P_1 FA$ 的面积，$CS_1 = \triangle P_1 CB$ 的面积。

从图 7.1 中可以看出，农户的消费者剩余减少了 $P_0 E_0 C P_1$ 这块梯形的面积，这部分剩余被农户直接进入市场所承担的市场交易费消耗掉了。当农户通过专业技术协会进入市场时，不直接与技术供给者接触，而是由专业技术协会以一个团体的身份与技术供给者进行交易，其交涉能力和谈判地位比单位农户强得多。当专业技术协会的实力与技术供给者的实力相当时，市场均衡点为 SS 和 DD 的交点 E_0，均衡价格为 P_0，农户的消费者剩余与完全竞争情形下的消费者剩余相等，分别为 PS_0 和 CS_0；当专业技术协会的实力较强时，农户在谈判中处于优势地位，将迫使技术供给者接受自己的条件，以达到收益最大化，即 $MR_2 = MC_2$，市场均衡点为 E_2（见图 7.2），这时技术供给者的生产者剩余 PS_2 和农户的消费者剩余 CS_2 分别为：$PS_2 = \triangle P_2 GB$ 的面积，$CS_2 = \triangle P_2 CA$ 的面积。农户凭借专业技术协会的整体优势，使消费者剩余增加了梯形 $P_0 E_0 G P_2$ 的面积，其中面积 $P_0 E_0 C P_2$ 为技术供应者本应拥有的一部分生产者剩余。当专业技术协会的实力较弱时，处于谈判的劣势地位，情形与农户直接进入市场类似，但由于协会的总体实力大于单个农户，消费者剩余的损失将小于农户直接进入市场的损失量。因此，农户通过专业技术协会在市场上获取技术大大降低了市场交易费用。

已有的研究文献表明，合作社这一制度设计对交易费用的节省体现在合作社在龙头企业与农户之间的"斡旋"上，但无论是理论分析还是理论模型的推导以及部分案例研究，都没有系统地刻画通过合作社进入市场的农户的交易费用，尤其是对其进行定量分析。本章将试图通过浙江省的案例，对农户通过合作社进入市场的交易费用进行初步的量化分析。

7.2　合同农业

从课题组的抽样结果来看，正式的合同农业仅出现在农民专业合作组织这样一个特殊的制度安排中。表 7.1 具体描述了梨果销售中合同的采用情况及意愿。

从国内外对农民专业合作组织的理论研究来看,农民专业合作组织作为一种特殊的制度安排,在帮助农户进入市场、提高农户收入、改进农民福利等方面起到了积极作用。本章在回顾相关文献对农民专业合作组织这一制度创新的基础上,通过具体的案例重点考查了农民专业合作组织对交易费用的节省作用和对农户福利的增进作用,从而得出相应的启示。

从表7.1中可以看出,正式的合同交易在受调查农户中只占极小的比例,河北省采用合同交易的农户约占1%,浙江省稍高,也仅占10%左右。农户没有签订合同的最主要原因在于,当地没有组织提供合同农业。农户的被动等待思想较为严重,缺乏主动寻求合作的意识。从两省农户表现出来的对合同农业的需求来看,绝大多数农户愿意签订有保障的合同。但不同农户愿意接受的价格条件和愿意签订合同的对象差异均较大,反映了农户对合同农业的认识水平较低。

表7.1 梨果销售合同的采用及意愿

问题	选项	河北		浙江	
		数量	比例(%)	数量	比例(%)
交易前是否签订合同	是	1	1.06	24	10.30
	否	93	98.94	209	89.70
为何没有签订合同	当地没有合同农业	89	94.68	192	91.87
	好处不明显	2	2.12	11	5.26
	手续太复杂	1	1.06	1	0.48
	规模小,对方不感兴趣	2	2.12	5	22.39
是否愿意签订合同	是	80	85.11	169	72.53
	否	14	14.89	64	27.47
愿意接受的价格条件	随行就市	31	38.75	46	27.22
	市场价格加一定比例	14	17.50	35	20.71
	随行就市但有保底价	22	27.50	33	19.53
	固定价格	13	16.25	55	32.54

问题	选项	河北		浙江	
		数量	比例（%）	数量	比例（%）
愿意与 谁签订合同	经纪人	13	16.25	3	1.78
	批发商	17	21.25	20	54
	合作社	20	25	78	31.95
	出口商	8	10	4	1.78
	超市	2	2.50	7	11.83
	加工商	7	8.75	4.14	46.15
	谁都可以	13	16.25	3	2.37

资料来源：笔者根据课题组的调查问卷整理所得。

7.3　案例研究

浙江省杭州市余杭区余杭镇蜜梨专业合作社依托于杭州市娘娘山蜜梨特色园区,该园区位于余杭镇以西 8 公里的竹园村,南与富阳接壤,西与临安青山湖相邻,北通南京、湖州。园区总面积为 2007 亩,园区的建设由国家补助 80 万元,镇政府配套补助 32 万元,村配套补助 7.8 万,共投入 119.8 万元。园区内修建有道路8489 米,变电中心和中型冷库各一座,办公用房 600 平方米。2001 年成立之初,就申报了"娘娘山"蜜梨注册商标,申领了 10 种条形码,设计了 4 种外包装箱。

余杭镇蜜梨专业合作社由 10 位股东于 2004 年 10 月发起成立,认购股金5.2 万元,现有社员 108 人,蜜梨基地 3886 亩。2005 年 7 月 8 日,经杭州市工商局批准取得企业法人资格。合作社及其成员单位包括：余杭镇蜜梨特色园区、余杭镇农业休闲观光园区、杭州格林农庄有限公司、杭州联华公司蜜梨基地,拥有固定资产 1268 万元、发展基金 388 万元。蜜梨基地先后被认定为浙江省和杭州市无公害水果基地、杭州市都市农业示范园区、余杭区生态农业观光园区。蜜梨产品先后通过了浙江省绿色农产品认定、国家级无公害农产品和绿色食品认证。

关于会员制度。根据经典的合作社理论,国际合作社联盟规定的合作社的基本原则中第一条便是自愿与开放的社员制,合作社的组织机制是入社自愿和退社自由。但在现实操作中,合作社往往倾向于接受有一定生产规模,或是有一定经营特长的农户入社。《杭州余杭区余杭镇蜜梨专业合作社章程》①规定:"凡从事与本社同类或相关产品,有一定的生产规模或经营服务能力,具有完全民事行为能力的个人和组织,承认并遵守章程,自愿提出入社申请,认购股金,经理事会讨论通过,成为本社社员。""社员退出本社须以书面形式提出,出具责任承担字据,经理事会讨论通过后办理相关手续。退社后,其入社股金于该年度年终决算后两个月内退还。如本社经营盈余,可参加盈余分配;本社经营亏损,应扣除其应承担的亏损份额。合作社公共积累不能分配。"

关于治理结构。农民专业合作组织的治理结构包括社员(代表)大会、理事会和监事会。杭州余杭区余杭镇蜜梨专业合作社设立了社员大会、理事会和监事会,其治理结构如图7.3所示。

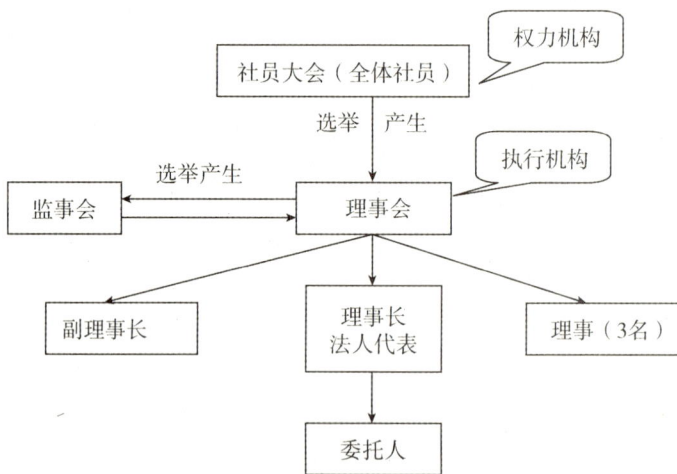

图7.3 余杭镇蜜梨专业合作社治理结构

在调查中课题组发现,《杭州余杭区余杭镇蜜梨专业合作社章程》规定的合作社治理结构与实际操作过程中执行的治理结构有较大差异。余杭镇蜜梨专业合作社实质上是由杭州市余杭区农技站的一名农技员在全权管理。该农技员是技术能手,且无偿帮助合作社,所以深得社员的信任。这也为合

① 详见附录。

作社尝试开展合同农业奠定了一定的基础。

• 资本结构

合作社注册资金 52000 元，每股股金 2000 元。机构社员杭州格林农庄和 3 名核心成员各出资 10000 元，另外 6 位普通个人社员各出资 2000 元。

• 利益机制

根据经典的合作社理论，合作社的利益机制主要是，为社员提供的服务和盈余按交易额返还。会员充分利用合作社的服务，不仅可以通过合作社的组织效应实现和分享规模收益，而且能够较多地分享合作社的经营利润。

余杭镇蜜梨专业合作社的资金来源包括：社员股金；盈余分配中提取的公积金、公益金和风险金；未分配利润；金融机构贷款；以及政府扶持资金和接受的捐赠。在多项资金来源中，现阶段最主要的是政府的扶持资金，包括来自浙江省农业厅、浙江省梨业协会的优质梨果评比奖励和申报各项技术示范项目的资金。合作社梨果曾以合作社的名义多次参评浙江省优质梨果评选活动，翠冠和清香两个品种的梨果多次被省农业厅评为"早熟蜜梨优质奖"、"浙江优质早熟梨金奖"、"浙江省名梨优质奖"等。

余杭镇蜜梨专业合作社的盈余扣除当年生产成本、经营支出和管理服务等费用后，按盈余 5% 的比例提取公积金，用于扩大服务能力、奖励及弥补亏损；按盈余 5% 的比例提取公益金，用于文化、福利事业；按盈余 20% 的比例提取风险金，用于弥补本社的生产经营风险损失；提取公积金、公益金和风险金后，按交易额和股金额予以盈余返还。合作社如有亏损，经社员大会讨论通过，可用风险金、公积金弥补。风险金、公积金不足以弥补上一年度亏损的，可用以后年度的盈余弥补；因弥补亏损所减少的资金，社员大会应酌情规定补充的办法和期限。

• 合同农业

合作社的一项重要功能是提高农民的组织化程度，包括指导农户规范进行农业生产和组织农产品销售。2007 年，余杭镇蜜梨专业合作社开始尝试与社员签订优质梨果生产购销合同。合同在每年春季签订，以便于社员进行规范的田间管理和农资投入。按类型分析合同的主要条款如下：

生产技术 合同规定单果重量须介于 268～338 克之间，果面无锈斑，糖度达 12 度以上；采摘时间方面，翠绿色精品翠冠梨在 7 月 18 日至 25 日，乳白色精品翠冠梨在 7 月 22 日至 30 日,采摘时要掌握成熟度,需在种子开始转黑的时候开始采摘,高温天气在上午 10 时前采果,雨天不采果,需保持果柄完整,避免高温暴晒;果实必须完整良好、新鲜洁净、无划伤和刺伤果、无异味和异臭;带袋(初选)统货。

包装要求 社员负责将梨果运送至蜜梨合作社分级包装车间,合作社则负责设计和制作蜜梨包装,并需符合国家食品包装标准,包装外标明品种、等级、数量、重量、生产日期和检验号等内容;包装蜜梨必须使用干净牢固、内层白色的新包装,每箱 5 公斤,16～18 只,净重误差在少于标准 30 克以内。每个梨果套上白色细纹网袋,网套长度不少于 14 厘米,不得有脱(破)网,不与其他水果混放。

定价规则 合同规定了合作社向社员订购的精品梨的数量,包括不同颜色的梨果各多少公斤[①];规定了合作社向社员订购的精品梨的价格,翠绿色精品翠冠梨的基准价为 5 元每公斤,乳白色精品翠冠梨为 4.6 元每公斤。实销价格高于基准价的利润平分,低于基准价的亏损分摊。梨果的分等定级由合作社负责,按果实大小和锈斑多少分为四级五档,并依据优质优价原则,按不同等级分别定价,如表 7.2 所示。

表 7.2　2007 年余杭镇蜜梨专业合作社产品销售价格情况

产品名称	有机梨(元/箱)	绿色食品梨(元/箱)	产品描述
精品梨(5 公斤/箱)	48	38	单果重 268～338 克 两次套袋无锈斑(精包装)
特级梨(5 公斤/箱)	38	28	单果重 268～338 克 两次套袋少锈斑(精包装)
优质梨(5 公斤/箱)	28	18	单果重 268～388 克 一次套袋少锈斑(精包装)
普通梨(5 公斤/箱)	18	8	单果重 188～388 克 一次套袋有锈斑(简包装)

资料来源:笔者根据对余杭镇蜜梨专业合作社的访谈记录整理所得。

---

① 由于套袋方式不同,梨果在生长过程中接收的光照程度有所差异,导致商品果出现翠绿色、乳白色、棕黄色等不同的外观色泽,消费者对此也有不同的偏好。

　　从收购价格来看，合作社鼓励社员发展优质梨果，争创有机梨和绿色食品梨，有机梨的价格每公斤比同级别的绿色食品梨高 2 元。影响合同定价最重要的指标是梨果表面有无锈斑，有锈斑的梨和无锈斑的梨之间价格差别最高可达 6 倍。由于锈斑是翠冠梨生产过程中较难克服的技术难题，故其成了影响梨果售价最重要的因素。

　　• 交易费用

　　合作社与社员签订的合同中约定的收购价格比近年来翠冠梨的平均批发价格高，但质量要求相对也更严格。价格信息和质量要求是合同农业中最重要的两个信号，在农户生产周期之初将信息传递给农户，有利于农户尽早做出生产决策。就梨农收获以后买卖双方交割时的交易费用而言，比较农户通过与合作社签订购销合同销售梨果和农户自行销售梨果在对交易费用的节省方面的异同主要体现在以下几个方面（见表 7.3）。

　　合同农业完全省去了农户交易前搜寻卖主和市场价格的交易费用。由于合同已经将交易双方和交易价格规定得很清楚，社员在同合作社交易过程中无需再从事卖主和价格的搜寻工作。

　　合同农业节省了农户交易过程中的大部分谈判成本。合同规定了双方交易的价格、数量、品种、质量等诸多方面的条款，社员在同合作社交易时无需再进行反复的讨价还价。

　　合同农业对执行成本的节约效果不太明显。由于余杭区蜜梨专业合作社实施的购销合同主要针对档次较高的精品梨，因此在执行交易时需要花费较多时间进行产品分级验收，从而延长了交易时间。由于合作社并未向下游购买者收取订金，其流动资金有限，因此社员与合作社交易时无法当场收到货款，导致欠款期限略长于社员自行销售梨果。

　　合同农业对运输成本的节约作用非常明显。合作社的交易地点距离社员果园仅 3 公里，社员与合作社进行交易时一般通过人力三轮车或小型机动车辆运输梨果，运输成本几乎可以忽略不计，而社员自行销售产品时需要进行较长距离的运输，从而会花费数额庞大的运输成本。

表7.3 合同农业对交易费用的节省情况

	项目	社员通过与合作社签订合同销售产品	社员销售产品给集团购买者	社员销售产品给个体消费者
信息成本	交易前是否认识买主(1＝是,0＝否)	1	1	0
	交易前寻找买主的次数(次)	0	2～3	4～5
	交易前了解价格的次数(次)	0	1	1
谈判成本	农户能否对质量提出异议(1＝是,0＝否)	1	0	0
	讨价还价回合(次)	0	1	2～3
	电话通话次数(次)	1	2	0
执行成本	每次成交量(公斤)	500	100～2500	150
	交易所需时间(分钟)	120	60	180
	现金支付比例(％)	0	50	100
	欠款拖欠时间(月)	2～3	0.5～2	0
运输成本	到成交地点的运输时间(分)	10	50	60
	到成交地点的运输距离(千米)	3	25	15～50
	运输费用(元/50千克)	0.5	2	1.5～3

资料来源：笔者根据课题组的调查数据整理所得。

7.4 本章小结

农产品生产销售过程中的合同农业一般出现在产业链的下游,是企业出于控制产品质量、稳定货源、降低成本等因素而与农户或农民合作组织签订的。在产品销路尚未确定的情况下,由合作社承担风险自发倡导实施的合同农业并不多见。本章通过浙江省杭州余杭区余杭镇蜜梨专业合作社自发实施合同农业的案例,对农户通过合作社进入市场的交易费用进行初步的量化分析。结果表明,合作社实施合同农业不仅有利于激励社员增加农业投资、加强质量管理,而且有利于节省社员的交易费用。

8　研究结论与政策含义

交易费用的测度一直是理论界争议颇多的一个话题，将交易费用的测度与契约选择结合起来分析，更是一项尝试性的工作。本书姑且粗浅地做出些许探索，或有争议，亦有收获。对交易费用的测度颇为困难：一是难在不同层面、不同行业、不同行为的交易费用千差万别，难以归结于同一体系之中；二是难在理论上没有成熟的支撑体系，新制度经济学传统的从资产专用性、交易频率和不确定性三个维度研究交易费用的做法在实证研究中难以模型化；三是难在数据的收集过程上，不同于生产费用的清晰可辨，交易费用往往容易被人们忽略。

针对第一个难点，我们选择深入分析一个层次、一个行业、一种行为的交易费用，即微观层面的交易费用而非宏观层面制度运行的交易费用，选择分析梨果行业而非笼统的若干行业，选择市场交易行为而非所有生产经营行为。

针对第二个难点，我们在系统梳理国内外理论和实证研究文献的基础上，构建出了符合梨果销售行为的交易费用测试体系。

针对第三个难点，我们将研究定位于经验研究，坚持按照科学的随机抽样方法，入户进行一对一式地访谈，以获得高质量的微观调查数据。按照经验研究的范式，遵循"问题—模型—数据"的范式，并采用价值链分析工具、离散选择模型、数据包络分析、案例研究等多种经济学研究方法，对该领域的主要问题进行实证研究。

本章将简要总结前面几章研究所得到的主要结论，并提出相应的政策含义及可供进一步研究的方向。

8.1 研究结论

第一,梨作为一种传统的大路水果,其价值链的构成表现出差异化趋势,传统与现代的契约模式并存于该产业中。

在对河北省和浙江省梨果产业的调查中,我们观察到梨果的流通渠道较为复杂。市场主体包括生产环节、批发环节、零售环节和消费环节四大类。从生产环节来看:河北省的梨果生产以小农户分散种植为主,60%左右的生产者其生产规模小于 5 亩,90%左右的生产者其生产规模小于 10亩;浙江省梨果生产以中等规模为主,65%左右的生产者其生产规模在 5 亩以上,40%左右的生产者其生产规模在 10 亩以上,只有极少数生产者的生产规模在 100 亩以上。从批发环节来看:河北省最显著的特点是经纪人市场发达,以经营果品站的形式出现的经纪人群体控制着产地批发市场,贩销商、批发商、出口商均严重依赖于经纪人。浙江省最显著的特点是农业合作经济组织较为发达,并正在由技术合作转向技术合作与销售合作并重。但到目前为止,通过合作社直接到达零售环节的份额仍然远远低于通过水果批发市场到达零售环节的份额。从零售环节来看,河北省的梨果销售以"沿街为市"的路边摊为主,大型超市内只有少量梨果销售。而浙江省的零售环节可谓"百花齐放",从传统的社区水果零售店到大型超市的生鲜区,再到专业的水果超市,可谓五花八门。从消费环节来看,由于河北省的梨果品种较为传统,是市场定位较低的大路水果,因此主要面向普通消费者。浙江省的梨果品种属于早熟型蜜梨,上市时间早且价格高,市场定位较高,除普通消费外,礼品装的梨果大多供集团客户消费。

第二,处于梨果产业价值链源头的小农户从增值中获益不多,流通环节攫走了大量利润。

在不考虑梨园初期投资和农户自有劳动力投入的情况下,农户的梨果通过批发环节其盈利水平已经极低,若考虑到梨果种植户巨大的家庭劳动力投入,大部分小农户将处于生产成本较高、收益较低甚至亏损的尴尬境地。价值链中间环节的经营者占有大部分增值收益。在两个样本地区,零售环节均为成本较高、利润较多、增值比例较高的环节。大型综合超市对小农户收入增长的作用在本书所讨论的传统大宗农产品中并未得到体现,相反地,大型综合超市梨果采购成本和经营成本偏高,梨果销售价格难以降低,以致大型综合超市在梨果经营中获利较少。专业经营水果的超市在发达地区发展迅速,并在水果零售市场中体现出了较大的竞争优势。

第三,通过数据包络分析所测量的两阶段技术效率表明,不同契约模式的交易效率也不同,效率由高到低的契约模式分别是集团购买模式、合作社销售模式、消费者购买模式、零售商购买模式和批发商购买模式。

就全部农户汇总的情况而言,生产阶段的平均技术效率为0.4,而销售阶段的平均技术效率仅为0.19。就不同阶段技术效率的差异而言,销售阶段技术效率的差异大于生产阶段技术效率的差异。生产阶段技术效率最高的是以协会作为最主要销售渠道的农户组,最低的是以自行零售为主的农户组,该结果验证了农民协会在组织生产方面的作用。销售阶段技术效率最高的是以销售给集团客户为主要渠道的农户组,其次为以销往合作社为主要方式的农户组,最低的是就近销售给批发商的农户组。

第四,交易费用是影响农户契约选择的重要因素,这一假说得到了初步验证。

本书构建了交易费用与农户契约选择的实证研究框架,提出农户特征和交易特征共同决定了梨农在销售水果时会选择什么样的交易方式。我们从交易前的信息成本、交易时的谈判成本、交易后的执行成本以及运输成本四个方面对交易费用进行了量化,并通过计量模型验证了在其他条件既定的前提下,交易费用的差异会影响农户契约选择的假设。绝大多数表征交易费用的变量都达到了较高的显著水平,且影响方向与预期结果基本一致,从而验证了"交易费用是影响农户契约选择的重要因素"这一假设。农户个人与家庭特征对农户选择不同契约方式的影响则并不显著。

第五,合作社的案例研究表明,合作社实行的合同农业对交易费用的节约起到了积极的作用。

在我们所研究的可供农户选择的五种契约模式中,合作社是一种较为特殊的契约模式,合作社的产生是小农户之间相互联合的结果。本书研究所调查的合作社案例,在小农户梨果生产和销售中起到了积极的作用。就我们所关注的交易费用而言,合作社采取合同方式与社员签订生产销售合同,起到了节约交易费用的作用。合作社所起到的节约交易费用的作用或许是农户选择合作社契约模式的原因之一。然而,目前合作社的营销能力尚有待提高,在合作社寻找销路存在困难的情况下,合作社所开展的远期合同交易方式难以实现可持续发展,合作社需要更为科学合理的治理结构设计。

8.2　政策含义

以上研究结论对完善农产品流通体系、提高农产品交易效率、增加小农户收入具有重要的参考价值。初步的政策含义可归纳如下:

本书的研究表明,农户销售农产品时需要支付大量的交易费用,交易费用是影响农户选择不同契约模式的重要因素,不同的契约选择会带来不同的收益。交易前的信息成本、交易时的谈判成本、交易后的执行成本以及农户需要承担的交通费用等,都对农户选择不同的交易渠道有着不同程度的影响。决策部门应当适度考虑农户的信息需求,通过多种媒介发布农产品需求信息,以降低农户信息搜寻成本,鼓励电子商务等现代化交易手段以降低交易执行成本,并改善道路交通条件以降低农户实际承担的交通成本。

与梨果类似的大路农产品存在相似的问题,即农产品流通渠道繁杂,效率低下。我国商务部正在实施的"双百市场工程",尤为重视大型农产品批发市场和大型农产品流通企业,在一定程度上忽略了产地自发形成的非正规的产地批发市场。在传统的农产品栽种区域,非正规的产地批发市场发挥着重要的作用,故应培育多层次的农产品批发市场。首先,应着力加强农民经纪人队伍建设,建立行业自律性组织,规范农民经纪人行为,鼓励和引导农民经纪人之间的合作和联合,使之向更大规模、更高水平的农产品营销企业发展。其次,进一步加强"基地"与"市场"的直接连通,鼓励有条件的农民专业合作组织直接与零售终端开展合作,要求享受"双百市场工程"等国家资助的流通企业优先考虑从合作社采购农产品。

最后,需要说明的是,本书的研究样本来自河北省和浙江省的部分地区,虽然尽量采取科学的抽样方法,但得出的结论及在此基础上形成的政策含义是否普遍适用还有待进一步验证。

8.3　研究展望

在本书的最后部分,我们需要交代本书研究的不足之处和可供进一步研究的方向。沿着"研究问题—规范数据—研究方法"的思路,简要总结如下:

在研究问题方面,本书着重考虑了农户在农产品销售前后的交易费用以及与此相关的农户的契约选择问题。未来的研究方向:一是可以考虑加入时间因素,即将农户的决策放在一个动态的过程中加以考虑,综合分析农户的生产阶段和销售阶段的交易费用;二是可以考虑扩展环节,即测量产业链各个环节的交易费用和各个主体的契约选择,而不仅仅局限于与农户直接交易的对象,使研究上升到宏观层面整个产业链的高度。

在研究方法方面,本书采用了微观计量经济的离散选择模型和数学包络分析,以及成本收益分析方法。研究手段的改进需要以高质量的数据为支撑。本书曾尝试过构造面板数据,但笔者在预调研中发现,让农户回顾本生产年度即 2007 年的情况,农户能较好地回忆,但回忆 5 年前即 2002 生产年度的情况就会明显感到吃力,加之部分农户 5 年前尚未有梨果出售,使得本书的研究局限于横截面数据的可获得性。课题组也尝试过在调查过程中让农户回忆 2006 年和 2007 年两个生产年度的情况,但是却很容易得到雷同数据。较好的解决办法是对农户进行隔年的追踪调查。此外,在模型设定方面,一个可能的发展方向是将对交易费用的衡量纳入主流的新古典经济学体系,构建出新的、更具解释力的函数。

附　录

附录1：梨农调查问卷

梨农调查问卷（2007）

农户编号 _____　　访谈时间 ⋯：⋯ to ⋯：⋯

县（市） _____　　访谈对象姓名 _____

乡镇 _____　　联系电话 _____

村 _____　　调查员姓名 _____

日期 _____　　复核人姓名 _____

调查员：

（1）请向受访者强调，问卷所指的2007年指生产年度，即2006年采完梨开始到2007年采完梨为止的生产周期；2002年亦如此。

（2）请告诉受访者："感谢您接受我们的访谈，所有内容将严格保密并仅用于学术研究，不涉及任何商业用途。您的个人资料不会以任何形式在任何地方出现，仅用于补充必要的信息时便于我们联系您。"

（3）"其他"/"不知道"/"NA"：所有"其他"均需说明具体情况，受访者明确表示不知道答案的问题填"不知道"，经过调查员努力也无法获取答案的问题填"NA"。

农户住宅及地块用途示意图

A. 农户家庭概况

01 2007年你家总共有多少人？（包含外出务工者）_____

02 2002年你家总共有多少人？（包含外出务工者）_____

编号	03	04	05	06	07	08	09	10	若为外出务工			14	15	16
	与户主关系	性别	年龄	受教育年限	是否还在上学	是否从事与梨有关的农活	是否从事其他职业	如是，从事何种职业	11 工作时间	12 每月收入	13 寄钱回家	是否从事与梨有关的农活	是否从事其他职业	如是，从事何种职业
	代码	1=男 2=女	年	年	1=是 2=否	1=是 2=否	1=是 2=否	代码	月	元	元	1=是 2=否	1=是 2=否	代码
a.1	户主 2007											2002		
b.2														
c.3														
d.														
e.														
f.4														
g.														
h.5														

17. 针对户主：

17—1 您是从哪一年开始种植梨树的？（年）_____，您为什么选择了种梨？（请说明）_____

17—2 您在种植梨果之前从事过哪些职业？（请说明）_____

17—3 您现在是否是享受财政补贴工资的村级（或以上）干部？（1=是/2=否）_____。您是否是中共党员？（1=_____

是/2＝否）_____

17—4　您是否参加过任何关于梨的培训？（1＝是/2＝否）_____。若是,何时参加的培训或培训的频率_____。若是,何时参加的培训？_____,谁组织的培训？_____。

17—5　您是否听说过农业保险？（1＝是/2＝否）_____。本县是否提供农业保险？（1＝是/2＝否）_____。若是,你是否参加了农业保险？（1＝是/2＝否）_____

17—6　您认为种梨的风险如何？（完全没有风险1.2.3.4.5风险非常大）_____。主要是自然风险,还是市场风险？_____。若认为风险大,您有没有任何防范风险的措施？（请说明）_____（1＝自然风险/2＝市场风险/3＝同等严重）

B1. 土地结构

编号	项目	单位	2007				2002			
			a 面积/数量	b 土地产权	c 租期（年）	d 年租金（元）	e 面积/数量	f 土地产权	g 租期（年）	h 年租金（元）
01.	农用土地总面积	亩	/	/	/		/	/	/	/
02.	——其中租入的土地	亩	/	/	/		/	/	/	/
03.	水果1＿＿＿	亩								
04.	水果2＿＿＿	亩								
05.	水果3＿＿＿	亩								
06.	粮食1＿＿＿	亩								
07.	粮食2＿＿＿	亩								
08.	粮食3＿＿＿	亩								
09.	蔬菜1＿＿＿	亩								
10.	蔬菜2＿＿＿	亩								
11.	蔬菜3＿＿＿	亩								
12.	经济作物1＿＿＿	亩								
13.	经济作物2＿＿＿	亩								
14.	经济作物3＿＿＿	亩								
15.	家禽家畜/水产1＿＿＿	只头/亩								
16.	家禽家畜/水产2＿＿＿	只头/亩								
17.	家禽家畜/水产3＿＿＿	只头/亩								
18.	其他作物面积＿＿＿	亩								

B2. 种梨地块概况（不含租赁给其他农户的土地）

调查员：请协助访谈对象在封面画一幅种梨地块示意图并编号，自然分隔或不同产权算为不同地块。

年	01. 地块	02. 面积 亩	03. 土地产权 代码	04. 土地期限 年	05. 如为租人，每亩年租金 元	06. 地型 代码	07. 土壤类型 代码	08. 灌溉程度 代码	09. 灌溉类型 代码	10. 梨的品种和棵数 品种1	品种2	品种3	品种4	品种5	11. 梨树密度 棵/亩	12. 树龄 年	13. 离最近水泥路的距离 米	14. 是否获得任何认证 代码	15. 该地块之前的用途 请说明
2007	a. 1																		
	b. 2																		
	c. 3																		
	d. 4																		
	e. 5																		
	f. 6																		
2002	g. 1																		
	h. 2																		
	i. 3																		
	j. 4																		
	k. 5																		
	l. 6																		

C1. 梨果产量和等级信息

编号	年	品种1 —— 01 采了多少梨 公斤	品种1 02 销售方式 包装/统货/部分包装	品种1 03 包装销售所占比例 %	品种1 次品梨比例 %	品种2 —— 04 采了多少梨 公斤	品种2 05 销售方式 包装/统货/部分包装	品种2 06 包装销售所占比例 %	品种2 次品梨比例 %	品种3 —— 07 采了多少梨 公斤	品种3 08 销售方式 包装/统货/部分包装	品种3 09 包装销售所占比例 %	品种3 次品梨比例 %
a.	2007												
b.	2002												

117

C2.1 销售渠道 2007—1

编号	1. 品种 代码	2. 买主类型 代码	3. 市场份额 %	4. 是否经过经纪人（含果品站） 是/否	5. 如是，每公斤的中介费用为多少元 元/公斤	6. 成交地点 代码	7. 成交地点离该地块多远 公里	8. 从该地块到成交点的交通时间 分钟	9. 交通工具 代码	10. 每次平均销售数量 公斤	11. 您在本次交易前认识该买主吗 是/否	12. 您是如何和该买主联系上的 请说明	13. 该买主来自哪里 代码	14. 该买主来自多远 公里	15. 您在本次交易之前尝试过几次寻找买主 次数
a.															
b.															
c.															
d.															

编号	16. 您认识几个同类型的买主 个数	17. 您是否知道其他渠道的价格信息 是/否	18. 如是，您了解的是哪一类市场的价格信息 代码	19. 如是，您在每次交易前了解价格信息的次数 次数	20. 和买主谈妥价格前，经过几个回合谈判 次数	21. 到达交易地点后完成交易所需的时间 小时	22. 买主是否检验产品 是/否	23. 双方是否对产品质量有分歧 是/否	24. 付款方式 代码	25. 交易几天后收到货款 天数	26. 若有欠款，欠款所占比例 %	27. 催要欠款的次数 次数	28. 若有合同，合同生产所占的比例 %	29. 在整个交易过程中，通过电话与对方联系的次数 次数	30. 您的买主又把梨卖给了谁 代码
e.															
f.															
g.															
h.															

C2.2　销售渠道 2007—2

编号	1.	2.	3.	4.	5.	6.	7.	8.	9.	10.	11.	12.	13.	14.	15.
	品种	买主类型	市场份额	是否经过经纪人(含果品站)	如是,每公斤的中介费用为多少元)	成交地点	成交地点离该地块多远	从该地块到成交地点的交通时间	交通工具	每次平均销售数量	您在本次交易前认识该买主吗	您是如何和该买主联系上的	该买主来自哪里	该买主来自多远	您在本次交易之前尝试过几次寻找买主
	代码	代码	%	是/否	元/公斤	代码	公里	分钟	代码	公斤	是/否	请说明	代码	公里	次数
a.															
b.															
c.															
d.															

编号	16.	17.	18.	19.	20.	21.	22.	23.	24.	25.	26.	27.	28.	29.	30.
	您认识几个同类型的买主	您是否知道其他任何市场类型的价格信息	如是,您了解的是哪一类市场的价格信息	如是,您在每次交易前了解价格信息的次数	和买主谈妥价格前,您经过几个回合谈判	到达交易地点后完成交易所需的时间	买主是否检验产品	双方是否对产品质量有分歧	付款方式	交易几天后收到货款	若有欠款,欠款所占比例	催要欠款的次数	若有合同,合同生产所占的比例	在整个交易过程中,通过电话与对方联系的次数	您的买主又把梨卖给了谁
	个数	是/否	代码	次数	次数	小时	是/否	是/否	代码	天数	%	次数	%	次数	代码
e.															
f.															
g.															
h.															

C2.3 销售渠道 2007—3

编号	1. 品种	2. 买主类型	3. 市场份额	4. 是否经过经纪人（含果品站）	5. 如是，每公斤中介费用为多少元	6. 成交地点	7. 成交地点离该地块多远	8. 从该地块到成交点的交通时间	9. 交通工具	10. 每次平均销售数量	11. 您在本次交易前认识该买主吗	12. 您是如何和该买主联系上的	13. 该买主来自哪里	14. 该买主来自多远	15. 您在本次交易之前尝试过几次寻找买主
	代码	代码	%	是/否	元/公斤	代码	公里	分钟	代码	公斤	是/否	请说明	代码	公里	次数
a.															
b.															
c.															
d.															

编号	16. 您认识几个同类型的买主	17. 您是否知道其他地方何市场的价格信息	18. 如是，您了解的是哪一类市场的价格信息	19. 如是，您在每次成交易前了解价格信息的次数	20. 和买主该笔交易成价格前，经过几个回合谈判	21. 到达交易地点后，完成所成交易需的时间	22. 买主是否检验产品	23. 双方是否对产品质量有分歧	24. 付款方式	25. 交易几天后收到货款	26. 若有欠款，欠款所占比例	27. 催要欠款的次数	28. 若有合同，合同生产所占的比例	29. 在整个交易过程中，通过电话与对方联系的次数	30. 您的买主又把梨卖给了谁
	个数	是/否	代码	次数	次数	小时	是/否	是/否	代码	天数	%	次数	%	次数	代码
e.															
f.															
g.															
h.															

C2.4　销售渠道 2007—4

编号	1. 品种 代码	2. 买主类型 代码	3. 市场份额 %	4. 是否经过经纪人（含果品站）是/否	5. 如是，每公斤的中介费用为多少元）元/公斤	6. 成交地点 代码	7. 成交地点离该地块多远 公里	8. 从该地块到成交地点的交通时间 分钟	9. 交通工具 代码	10. 每次平均销售数量 公斤	11. 您在本次交易前认识该买主吗 是/否	12. 您是如何和该买主联系上的 请说明	13. 该买主来自哪里 代码	14. 该买主来自多远 公里	15. 您在本次交易之前尝试过几次寻找买主 次数
a.															
b.															
c.															
d.															

编号	16. 您认识几个同类型的买主 个数	17. 您是否知道其他任何渠道类型的买主的价格信息 是/否	18. 如是，您了解哪一类市场的价格信息 代码	19. 如是，您在每次交易前了解价格信息的次数 次数	20. 和买主该次成交价格前，经过几个回合谈判 次数	21. 到达交易地点完成交易所需的时间 小时	22. 买主是否到达交易地点 是/否	23. 双方是否对产品质量有分歧 是/否	24. 付款方式 代码	25. 交易几天后收到货款 天数	26. 若有欠款，欠款所占比例 %	27. 催要欠款的次数 次数	28. 若有合同，合同生产所占的比例 %	29. 在整个交易过程中，通过电话与对方联系的次数 次数	30. 您的买主又把梨卖给了谁 代码
e.															
f.															
g.															
h.															

C3.1 销售渠道 2002—1

编号	1. 品种	2. 买主类型	3. 市场份额	4. 是否经过经纪人（含果品站）	5. 如是，每公斤的中介费用为多少元	6. 成交地点	7. 成交地离该地点多远	8. 从该地块到成交点的交通时间	9. 交通工具	10. 每次平均销售数量	11. 您在本次交易前认识该买主吗	12. 您是如何和该买主联系上的	13. 该买主来自哪里	14. 该买主来自多远	15. 您在本次交易之前尝试过几次寻找买主
	代码	代码	%	是/否	元/公斤	代码	公里	分钟	代码	公斤	是/否	请说明	代码	公里	次数
a.															
b.															
c.															
d.															

编号	16. 您认识几个这类型的买主	17. 您是否知道其他任何市场的价格信息	18. 如是，您了解的是哪一类市场的价格信息	19. 如是，您在每次交易前了解价格信息的次数	20. 和买主谈妥价格前，您经过几个回合谈判	21. 到达交易地点后完成交易所需的时间	22. 买主是否检验产品	23. 双方是否对产品质量有分歧	24. 付款方式	25. 交易几天后收到货款	26. 若有欠款，欠款所占比例	27. 催要欠款的次数	28. 若有合同，合同生产所占的比例	29. 在整个交易过程中，通过电话与对方联系的次数	30. 您的买主又把梨卖给了谁
	个数	是/否	代码	次数	次数	小时	是/否	是/否	代码	天数	%	次数	%	次数	代码
e.															
f.															
g.															
h.															

C3.2　销售渠道 2002—2

编号	1. 品种 代码	2. 买主类型 代码	3. 市场份额 %	4. 是否经过经纪人（含果品站）是/否	5. 如是，每公斤的中介费用为多少元 元/公斤	6. 成交地点 代码	7. 成交地点离该地块多远 公里	8. 从该地块到成交地点的交通时间 分钟	9. 交通工具 代码	10. 每次平均销售数量 公斤	11. 您在本次交易之前认识该买主吗 是/否	12. 您是如何和该买主联系上的 请说明	13. 该买主来自哪里 代码	14. 该买主来自多远 公里	15. 您在本次交易之前尝试过几次寻找买主 次数
a.															
b.															
c.															
d.															

编号	16. 您认识几个同类型的买主 个数	17. 您是否知道其他任何市场的买主的价格信息 是/否	18. 如是，您了解的是哪一类市场的价格信息 代码	19. 如是，您在每次交易前了解价格信息的次数 次数	20. 和买主该次交易成交前，经过几个回合谈判的次数 次数	21. 到达交易地点后，完成交易所需的时间 小时	22. 买主是否检验产品 是/否	23. 双方是否对产品质量有分歧 是/否	24. 付款方式 代码	25. 交易儿天后收到货款 天数	26. 若有欠款，欠款所占比% %	27. 催要欠款的次数 次数	28. 若有合同，合同生产所占的比例 %	29. 在整个交易过程中，通过电话与对方联系的次数 次数	30. 您的买主又把果卖给了谁 代码
e.															
f.															
g.															
h.															

C3.3 销售渠道 2002—3

编号	1. 品种 代码	2. 买主类型 代码	3. 市场份额 %	4. 是否经过经纪人（含果品站）是/否	5. 如是，每公斤的中介费用为多少元 元/公斤	6. 成交地点 代码	7. 成交地点离该地块多远 公里	8. 从该地块到该成交地点的交通时间 分钟	9. 交通工具 代码	10. 每次平均销售数量 公斤	11. 您在本次交易前认识该买主吗 是/否	12. 您是如何和该买主联系上的 请说明	13. 该买主来自哪里 代码	14. 该买主来自多远 公里	15. 您在本次交易之前尝试过几次寻找买主 次数
a.															
b.															
c.															
d.															

编号	16. 您认识几个同类型的买主 个数	17. 您是否知道其他地方何市场的买主价格信息 是/否	18. 如是，您了解的是哪一类市场的价格信息的 代码	19. 如是，您在每次交易前了解价格信息的次数 次数	20. 和买主谈妥价格前，经过几个回合谈判 次数	21. 到达交易地点后，成交所需的时间 小时	22. 买主是否检验产品 是/否	23. 双方是否对产品质量有分歧 是/否	24. 付款方式 代码	25. 交易几天后收到货款 天数	26. 若有欠款，欠款所占比例 %	27. 催要欠款的次数 次数	28. 若有合同，合同生产所占的比例 %	29. 在整个交易过程中，通过电话与对方联系的次数 次数	30. 您的买主义把菜卖给了谁 代码
e.															
f.															
g.															
h.															

124

C3.4 销售渠道 2002—4

编号	1.	2.	3.	4.	5.	6.	7.	8.	9.	10.	11.	12.	13.	14.	15.
	品种	买主类型	市场份额	是否经过经纪人（含果品站）	如是，每公斤的中介费用为多少元）	成交地点	成交地点离该地块多远	从该地块到该成交地点的交通时间	交通工具	每次平均销售数量	您在本次交易前认识该买主吗	您是如何和该买主联系上的	该买主来自哪里	该买主来自多远	您在本次交易之前尝试过几次寻找买主
	代码	代码	%	是/否	元/公斤	代码	公里	分钟	代码	公斤	是/否	请说明	代码	公里	次数
a.															
b.															
c.															
d.															

编号	16.	17.	18.	19.	20.	21.	22.	23.	24.	25.	26.	27.	28.	29.	30.
	您认识几个同类型的买主	您是否知道其他任何市场类型的买主	如是，您了解的是哪一类市场的价格信息	如是，您在每次交易前了解价格信息的次数	和买主谈妥价格前，经过几个回合谈判	到达交易地点后完成交易所需的时间	买主是否检验产品	双方是否对产品质量有分歧	付款方式	交易几天后收到货款	若有欠款，欠款所占比例	催要欠款的次数	若有合同，合同生产所占的比例	在整个交易过程中，通过电话与对方联系的次数	您的买主又把梨卖给了谁
	个数	是/否	代码	次数	次数	小时	是/否	是/否	代码	天数	%	次数	%	次数	代码
e.															
f.															
g.															
h.															

C4. 梨果果销售价格（调查员：Max 指最高卖价，Min 指最低卖价，Av 指平均卖价；单位：元/公斤）

编号	年	买主类型	品种1			品种2			品种3			品种4		
		代码	01 Max	02 Min	03 Av	04 Max	05 Min	06 Av	07 Max	08 Min	09 Av	10 Max	11 Min	12 Av
a.	2007													
b.														
c.														
d.														
e.	2002													
f.														
g.														
h.														

10　您卖梨是否支付任何形式的税费？（1＝Yes/2＝No）2007 年_____，2002 年_____。

若是，在哪类市场卖梨时需要支付税费，具体每 100 公斤需要支付多少钱？2007 年_____，2002 年_____。

D. 技术沿革

编号	类型	项 目	选项	a. 2007	b. 2002
01	肥料	化肥的总施用量与5年前相比	1=增加　2=减少　3=保持不变		
02	肥料	有机肥料的施用量与5年前相比	1=增加　2=减少　3=保持不变		
03		化学肥料的施用量与5年前相比	1=增加　2=减少　3=保持不变		
04		当前施用肥料的主要方式是	1=打孔　2=挖沟　3=洒在地表　4=其他		
05		农药的总施用量与5年前相比	1=增加　2=减少　3=保持不变		
06	农药	低毒农药的施用量与5年前相比	1=增加　2=减少　3=保持不变		
07		梨果灵等植物激素的施用量与5年前相比	1=增加　2=减少　3=保持不变　4=不用		
08		是否采用了以下田间管理技术：			
09		——幼苗移植	1=否　2=是		
10		——高接换种	1=否　2=是		
11		——疏芽	1=否　2=是		
12		——疏花	1=否　2=是		
13	田间管理	人工授粉	1=否　2=是		
14		——疏果	1=否　　　　2=一次疏果 3=两次疏果　4=多次疏果		
15		——套袋	1=否　　2=一次套袋 3=多次套袋（若套袋，请注明比例）		
16		——整形修剪	1=否　2=单干形　3=开心形		
17		——更换结果枝	1=否　2=是		
18		——其他	（请说明）		

E. 农机具数量

农机具	代码	2007	2002
播种机	a1		
打谷机	a2		
背式喷药器（手动）	a3		
背式喷药器（机动）	a4		
药泵	a5		
机动犁	a6		
棚架	a7		
其他农机具___	a8		

农机具	代码	2007	2002
大货车（载重大于1吨）	b1		
小货车（载重小于1吨）	b2		
机动三轮车	b3		
农用拖拉机	b4		
电瓶货车	b5		
手推车	b6		
人力三轮车	b7		
其他交通工具___	b8		

农机具	代码	2007	2002
水井	c1		
水塔	c2		
抽水机	c3		
马	c4		
驴	c5		
骡	c6		
耕牛	c7		
其他灌溉设施及农用牲畜___	c8		

F. 2007年生产成本

F1　您是否记账？_____（是/否）

F2　兴建梨园初期投资：如果您现在兴建一亩新的梨园，需要多少成本：

2.1　1亩梨园的土地租金为每年多少元？（元/亩）_____

2.2　移植1亩成年梨树的成本为多少元？（元/亩）_____

2.3　兴建1亩梨园的人工成本为多少元？（元/亩）_____

2.4　兴建1亩梨园的其他成本为多少元？（元/亩）_____

F3　肥料（如果受访者提到肥料总成本，请记在此处以备核对　　　　　）

2007	肥料名称 1=氮　2=磷　3=钾 4=有机肥　5=复合肥　6=速效肥 7=其他（请说明） 01	每次用量		单位成本 04	总成本 05
项目		02数量	03单位（斤/包/棵等）		
a　基肥1					
b　基肥乙					
c　追肥1					
d　追肥2					
e　追肥3					
f　追肥4					
g　追肥乙					
h　叶面肥					

F4　农药和除草剂（如果受访者提到农药和除草剂总成本，请记在此处以备核对 _____）

编号	类型	01 施用次数	02 药物名称（请说明）	03 数量	04 单位（斤/包/袋）	05 单位成本	06 总成本
A	农药						
B	除草剂						

07　如果您是使用药泵喷药，燃油（汽油/柴油等）的费用为多少元？_____

08　如果您是用机器除草，您在2007年中使用过几次？_____；每除草一亩需要花费多少钱？_____

F8 F5—1 人力资本（如果受访者提到人工总成本，请记在此处以备核对_____）

编号	01 类型	02 农事活动	若为计时论报酬		若是计件论报酬	06
			03 请了多少个工	04 每个工多少钱	05 总计件费用为多少元（格式：**元/件 × ***件数）	总成本（由调查员计算.若农户提及计在此处以供核对）
a	长期雇佣	共计				
b		施肥				
c		打药				
d		修剪				
e		拉枝				
f		疏花				
g	短期雇佣	人工授粉				
h		疏果				
i		套袋				
j		采收				
k		包装				
l		运输				

F5—2 自有劳动力

F5—2—1 家里有多少人参与了种梨和卖梨？

　　a　全职_____人，分别为哪些人？（代码）_____

　　b　兼职_____人，分别为哪些人？（代码）_____

F5-2-2　对兼职参与种梨和卖梨的家庭成员而言，2007年每个人全年合计投入的劳动时间可以折算为多少个工时？

a　家庭成员（代码）＿＿＿＿　工作时间＿＿＿＿（工）

b　家庭成员（代码）＿＿＿＿　工作时间＿＿＿＿（工）

c　家庭成员（代码）＿＿＿＿　工作时间＿＿＿＿（工）

d　家庭成员（代码）＿＿＿＿　工作时间＿＿＿＿（工）

F6　包装材料（调查员：若农户能回忆出包装材料的总成本，记在此处以供核对＿＿＿＿＿＿）

	01纸袋	02包果纸	03网袋	04隔板	05托盘	06纸箱	07塑料箱	08其他
a使用数量								
b计量单位								
c购买价格								

F7　与梨有关的其他支出

编号	项目	金额（元）	编号	项目	金额（元）
a	灌溉用水		h	植物检验检疫费用	
b	电费		i	协会或合作社会费	
c	汽油费		j	技术培训费（如有发生）	
d	柴油费		k	嫁拉用的枝条	
e	机器设备的日常维修费		l	授粉用的花粉	
f	卖梨时节手机通讯费用支出多少		m	贷款利息支出	
g	育苗费用		z	其他支出（请说明）	

G. 合同

01 您是否知道合同农业？ _____ （一点也不知道 1，2，3，4，5 非常了解）

02 您是否曾经与有关组织签订过合同？ _____ 0＝否，1＝是

03 若从未签订过合同，为什么？ _____ 1＝当地没有合同农业，2＝好处不明显，3＝手续太复杂，4＝规模小，对方不感兴趣，5＝其他

04 如果您可以选择，您是否愿意签订合同？ _____ 0＝否，1＝是

05 如果您可以选择，您愿意接受什么样的价格条件？ _____ 1＝随行就市，2＝市场价格加一定比例，3＝随行就市但有保底价，4＝固定价格，5＝其他

06 如果您可以选择，您最愿意与谁签订合同？ _____ 1＝经纪人，2＝批发商，3＝合作社，4＝协会，5＝出口商，6＝超市，7＝加工商，8＝其他

07 若曾签订过合同，您上一次是与哪个组织签订的合同？ _____ 1＝经纪人，2＝批发商，3＝合作社，4＝协会，5＝出口商，6＝超市，7＝加工商，8＝其他

08 您上一次的合同是书面的还是口头的？ _____ 0＝书面，1＝口头

09 您上一次签订合同对方支付定金的原因最重要的是什么？ _____ 1＝为了价格有保障，2＝批量销售，3＝享受技术服务，4＝赊欠生产资料，5＝对方支付定金，6＝其他

10 您上一次签订的合同期限为多长时间？ _____ 1＝一个或短于一个生产周期，2＝两个生产周期，3＝三个生产周期或更长

11 您上一次签订合同是在什么时候？ _____ 1＝新的生产周期开始以前，2＝梨成长过程中，3＝梨收获以后

12 您上一次签订合同时，是怎样与对方联系上的？ _____ 1＝我联系对方，2＝对方直接联系我，3＝对方通过第

三方联系我

13　您上一次签订的合同，有哪些条款？（可多选）_____　1＝价格，2＝数量，3＝规格，4＝安全，5＝包装要求，6＝送货条件，7＝其他

14　您上一次签订合同时，价格是如何规定的？_____　1＝随行就市，2＝市场价格加一定比例，3＝随行就市但有保底价，4＝固定价格，5＝其他

15　您上一次签订合同，是否特别要求您做以下工作？（0＝否，1＝是）`1＝用对方的投入品_____，2＝按对方规定的时间和方式进行农事活动_____，3＝参加对方组织的培训_____，4＝其他_____

16　您上一次签订合同，对方是否在梨生长期间到果园检查？_____　0＝否，1＝是。若是，间隔多久检查一次？_____　1＝一个月或更短，2＝半年，3＝一年，4＝一年以上_____

17　您上一次签订的合同，货款支付方式是怎样的？_____　1＝一手交钱，一手交货，没有定金_____，2＝卖梨时扣除定金，3＝卖梨时扣除生产过程中除欠生产资料，4＝其他_____

18　您上一次签订的合同，对方是否有配套投入？_____　0＝否，1＝是。若是，是哪些（可多选）1＝现金，2＝肥料，3＝农药，4＝套袋材料，5＝包装材料，6＝其他_____

19　您上一次签订的合同最终按合同规定履行了吗？_____　0＝否，1＝是。若否，是谁违约了？_____　0＝对方，1＝我自己

20　若合同没有获得履行，为什么？_____　1＝产品质量不符合对方要求，2＝市场价格高，我卖给别人了，3＝数量不够，对方不收，4＝交货时间晚了，5＝其他_____

21　如果让您选择，您是否愿意继续签订合同_____　0＝否，1＝是

22　如果让您选择，您愿意接受什么样的价格条件？_____　1＝随行就市，2＝市场价格加一定比例，3＝随行就市

但有保底价，4＝固定价格，5＝其他

23 如果让您选择，您最愿意与谁签订合同？＿＿＿＿ 1＝本县经纪人，2＝本县批发商，3＝合作社，4＝协会，5＝出口商，6＝超市，7＝加工商，8＝其他

H. 组织

01 您所在的地方是否有梨农协会？＿＿＿ 0＝否，1＝是。 您是否是该协会的成员？＿＿＿ 0＝否，1＝是 若是，叫什么名字？＿＿＿

02 您所在的地方是否有梨业合作社？＿＿＿ 0＝否，1＝是。 您是否是该合作社的成员？＿＿＿ 0＝否，1＝是 若是，叫什么名字？＿＿＿

03 若是协会会员，协会为您提供了哪些服务？（可多选）＿＿＿ 若是合作社成员，合作社为您提供了哪些服务？（可多选）＿＿＿ 1＝技术指导，2＝培训，3＝市场信息，4＝代销，5＝其他（请说明）

04 如果是由协会或合作社提供销售服务的，具体方式怎样？（请说明）＿＿＿

I 借贷

I—1 现金借贷

01 您 2007 年是否向亲戚朋友借过钱？＿＿＿ 0＝否，1＝是。 若是，金额为多少？＿＿＿

02 是否有买主或中介直接为您提供结婚、上学、医疗等个人消费性贷款？＿＿＿ 0＝否，1＝是。若是，是哪一类买主？＿＿＿

03 是否有买主中介直接为您提供种梨的生产性贷款？＿＿＿ 0＝否，1＝是。 若是，是哪一类买主？＿＿＿

04 是否有买主中介为您提供贷款担保？＿＿＿ 0＝否，1＝是。 若是，是哪一类买主？＿＿＿

I—2 实物借贷

05　除买主和中介提供的投入品外，2007 年您是否从生产资料供应商处赊购过投入品？＿＿＿＿　0＝否，1＝是。若是，欠款是否可在卖梨后结清？＿＿＿＿　0＝否，1＝是

06　如果您从生产资料供应商处赊购买了投入品，则付现金和赊账的价格是否完全一样＿＿＿＿　0＝否，1＝是。若否，是，欠款还多支付＿＿＿＿ ％？

编号	01	02	03	04	05	06	07	08	09	10
	您是否在2007年申请过贷款？(0=否,1=是)	若申请过,申请的金额为多少？	您申请的贷款是否获得了批准(0=否,1=是)	若获批,实际贷款金额为多少？	若获批,贷款期限为多长？	若获批,贷款利率为多少？	获得贷款是否需要担保?(0=否,1=是)	获得贷款花了多长时间？	获得贷款花费了多少交通费？	获得贷款花费的其他开支为多少？(如请客送礼等)
a 正规金融机构										
b 非政府组织										
c 民间借贷										

J1. 2007 年种植业收入

编号	01	02	03	04	05	06
	梨	粮食	蔬菜	其他水果	经济作物	其他作物
单位	元					
a 毛收入	元					
b 纯收入						

J2. 2007 年家庭其他收入

a	来　源	2007	b	来　源	2007
a1	家禽纯收入		b1	出租土地收入	
a2	家畜纯收入		b2	出租房屋收入	
a3	水产业纯收入		b3	变卖交通工具或耐用品收入	
a4	林业纯收入		b4	各项礼金收入	
a5	粮食补贴		b5	经营小商店收入	
a6	退耕还林补贴		b6	外出务工收入	
a7	退林金		b7	其他 1	
a8	政府其他补贴		b8	其他 2	
a9	银行存款利息		b9	其他 3	
a10	借款利息		b10	其他 4	

K1. 家庭资产

编号	01 房屋类型 1=楼房 2=平房	02 楼层数 数量	03 间数 数量	04 建筑材料 1=茅草 2=混砖 3=木结构 4=其他	05 你家是否与他人合住 1=是 2=否	06 如是,您家居住几个房间 数量	07 房屋哪一年建成 年	08 当年建造的成本 元	09 5年内是否翻修过 1=是 2=否	10 若翻修过,花了多少钱 元	11 房屋现在价值多少钱 元	12 建筑面积多少 m²
a第一处房产												
b第二处房产												
c第三处房产												

K2. 耐用消费品数量

代码	名称	2007	2002	代码	名称	2007	2002
a	彩电			i	冰箱		
b	黑白电视			j	汽车		
c	VCD/DVD			k	摩托车		
d	音响			l	手机		
e	照相机			m	空调		
f	洗衣机			n	电脑		
g	煤气灶			o	饮水机		
h	热水器			p	其他		

L. 家庭其他信息

编号	项　目	代　码	2007	2002
01	您家是否有亲朋好友在农贸市场或批发市场卖水果？	1＝是　2＝否		
02	您家是否有亲朋好友在本地水果加工企业工作？	1＝是　2＝否		
03	您家是否有亲朋好友从事水果运输？	1＝是　2＝否		
04	您家是否有亲朋好友从事水果中介服务？	1＝是　2＝否		
05	您家是否有亲朋好友卖种子，化肥，农药？	1＝是　2＝否		
06	您家是否有亲朋好友在农技推广部门工作？	1＝是　2＝否		
07	您家是否订阅报纸？	1＝是　2＝否		
08	您家是否有有线电视？	1＝是　2＝否		
09	您家是否有固定电话？	1＝是　2＝否		
10	您所在的县有没有水果批发市场？	1＝是　2＝否		
11	如是,请描述具体地点。	具体说明		

M. 代码表：

与户主的关系： 1＝配偶；2＝子女；3＝孙子女；4＝父母；5＝兄弟姐妹；6＝女婿或儿媳；7＝岳父母；8＝祖父母；9 其他亲戚关系；10＝其他非亲属关系（请说明）＿＿＿＿＿

工作类型： A1＝梨园工人（不包括自己的梨园）；A2＝水果经纪人；A3＝水果贩运商；A4＝水果批发商；A5＝水果加工企业工人；A6＝在本县从事与梨有关的其他工作

B1＝除梨外的种植业；B2＝养殖业；B3＝其他工厂工人；B4＝建筑工人；B5＝矿工；B6＝私营店主或企业主；B7＝服务行业；B8＝公务员；B9＝其他（请说明）＿＿＿＿＿

土地产权： 1＝责任田　2＝从村集体租入　3＝从组（队）租入　4＝从其他农户租入　5＝荒地开垦　6＝其他（请说明）＿＿＿＿＿

地　　型： 1＝平地　2＝山地

土壤类型： 1＝沙地　2＝黏土　3＝壤土　4＝其他（请说明）＿＿＿＿＿

灌溉程度： 1＝降雨　2＝部分灌溉

灌溉类型： 1＝环状沟渠　2＝软管浇灌　3＝滴灌　4＝喷灌　5＝其他（请说明）＿＿＿＿＿

梨　品　种： 1＝鸭梨　2＝黄金梨　3＝黄冠　4＝翠冠　5＝雪梨　6＝圆黄　7＝绿宝石　8＝清香　9＝西子绿　10＝丰水梨　11＝新世纪　12＝黄花　13＝杭青　14＝其他（请说明）＿＿＿＿＿

认　　证： 1＝未经认证　2＝无公害　3＝绿色食品　4＝有机食品　5＝出口认证

买主类型（收取中介费的经纪人不算买主）：1＝本县批发商；2＝外地批发商；3＝加工企业；4＝专业供应商；5＝合作社；6＝农民协会；7＝超市；8＝小型零售商；9＝消费者；10＝宾馆/饭店；11＝政府或公司等其他集团购买者；12＝出口企业；13＝其他（请说明）＿＿＿＿＿

成交地点： 1＝果园；2＝本村果品站；3＝外村果品站；4＝农村集市；5＝本县批发市场；6＝县外省内的批发市场；7＝外省批发市场；8＝政府或公司；9＝其他（请说明）＿＿＿＿＿

交通工具： 1＝人力挑；2＝手推车；3＝自行车；4＝人力三轮车；5＝拖拉

机;6＝机动三轮车;7＝卡车;8＝其他(请说明)_____

　　买主来自：1＝本村;2＝本镇其他村;3＝本县其他镇;4＝本省其他县;5＝其他省市

　　市场信息：1＝本县批发市场价格信息;2＝县外批发市场价格信息;3＝其他(请说明)_____

　　付款方式：1＝现金;2＝欠款 3＝以农业投入品;4＝支付部分现金部分欠款(或农业投入品);4＝其他方式(请说明)_____

附录 2：村庄调查问卷

中国梨农调研(2007)：村级问卷

省：＿＿＿＿＿　　县：＿＿＿＿＿　　镇：＿＿＿＿＿

村：＿＿＿＿＿　　访谈对象：＿＿＿＿＿　　电话号码：＿＿＿＿＿

日期：＿＿＿＿＿　　调查员：＿＿＿＿＿　　复核员：＿＿＿＿＿

	项　目	单　位	2007	2002
	村劳动力信息			
1.	农户数	户		
2.	总人口	人		
3.	劳动力数量（年龄 16 至 60）	人		
4.	——高中以上文化程度的劳动力数量	人		
5.	——外出务工时间多于 3 个月的劳动力数量	人		
6.	成年男劳动力的日平均工资	元/（人·天）		
7.	种梨的户数	户		
	土地基本信息			
8.	耕地总面积	亩		
9.	——山地所占的比例	%		
10.	——梨园面积	亩		
	品种			
11.	本村的梨有哪些品种	请说明		
12.	各品种的梨各占多少比例	%		
	配套设施、产业			
13.	本村冷库的数量	个		
14.	本村水果经纪人的数量	个		
15.	本村梨果收购站的数量	个		
16.	本村梨果包装企业的数量	个		
17.	本村梨果加工企业的数量	个		

续　表

	项　目	单　位	2007	2002
	村劳动力信息			
18.	本村水果运输商的数量	个		
19.	本村化肥供应点的数量	个		
20.	本村农药供应点的数量	个		
21.	本村到省会城市的距离	公里		
22.	本村到县城的距离	公里		
23.	本村到镇政府所在地的距离	公里		
24.	本村到最近的高速公路的距离	公里		
25.	本村到最近的水果批发市场的距离	公里		
26.	——该水果批发市场的名称	请说明		
27.	——该水果批发市场成立的时间	年		
28.	本村是否有广播站	是/否		
29.	——如是,是否播报与卖梨相关的信息	是/否		
30.	本村农业生产用电的价格为多少	元/度		
31.	本村是否有用于梨树灌溉的公用抽水泵	是/否		
32.	——如是,有多少台	台		
33.	本村灌溉用水的价格为多少	元/立方		
	合作组织			
34.	本村是否有与梨有关的合作社	是/否		
35.	——如是,多少种植户加入了合作社	户		
36.	——如是,合作社提供哪些服务	请说明		
37.	——如是,有多少合作社帮助农户卖梨	%		
38.	本镇是否有与梨有关的合作社	是/否		
39.	——如是,多少种植户加入了合作社	户		
40.	——如是,合作社提供哪些服务	请说明		
41.	——如是,有多少合作社帮助农户卖梨	%		
42.	本县是否有与梨有关的合作社	是/否		
43.	——如是,有多少种植户加入了合作社	户		

	项　目	单　位	2007	2002
	村劳动力信息			
44.	——如是,合作社提供哪些服务	请说明		
45.	——如是,有多少合作社帮助农户卖梨	%		
	合同农业			
46.	本村是否有梨农与任何组织签订了合同	是/否		
47.	——如是,与何种组织签订的合同	请说明		
48.	——如是,合同类型是什么	生产/销售		
49.	——如是,有多少梨农参加了合同农业	户		
50.	是否有任何企业来本村租地种梨	是/否		
51.	——如是,企业从哪里来	请说明		
52.	——如是,企业属于什么性质	外资/合资/内资		
53.	——如是,租用了多少土地	亩		
54.	——如是,年租金为多少	元/亩		
55.	——如是,是否与当地梨农合作	是/否		
	培训、补贴			
56.	是否有任何组织到本村对梨农进行生产培训	是/否		
57.	——如是,哪个组织提供的培训	请说明		
58.	——如是,平均多久组织一次培训	频率		
59.	是否有任何组织到本村对梨农进行销售培训	是/否		
60.	——如是,哪个组织提供的培训	请说明		
61.	——如是,平均多久组织一次培训	频率		
62.	政府是否对本村梨农种梨进行补贴	是/否		
63.	——如是,是物资补贴还是资金补贴	物资/资金		
64.	——如是,补贴的标准如何	请说明		

附录3：《余杭镇蜜梨专业合作社精品翠冠梨订购协议书》范本

甲方： 余杭镇蜜梨专业合作社

乙方：

为了促进精品翠冠梨的生产，提高生产水平和经济效益，开拓蜜梨果品市场，满足消费者对高档精品梨的需求，提高"娘娘山"牌早熟蜜梨的知名度和市场竞争力，经与竹园村＿＿＿组蜜梨种植大户＿＿＿平等协商，特立如下定购协议：

一、甲方向乙方订购精品梨总量＿＿＿公斤，其中翠绿色＿＿＿公斤，乳白色＿＿＿公斤，计量以包装成品为准。

二、甲方对乙方生产的精品梨质量要求：单果重量268～338克，果面无锈斑，糖度12以上。

三、甲方定购价格：翠绿色精品翠冠梨基准价5元每公斤，乳白色精品梨翠冠梨4.6元每公斤。实销价格高于基准价，利润平分，低于基准价，亏损分摊。

四、交货时间：翠绿色精品翠冠梨在7月18日至25日，乳白色精品翠冠梨在7月22日至30日，日均供货＿＿＿公斤，一（多）次交货，必要时可协调定量供货。

五、乙方必须掌握采果成熟度（种子开始转黑），不得早采，高温天气在上午10时前采果，雨天不采果，保持果柄完整，避免高温暴晒。

六、乙方提供的蜜梨，果实必须完整良好，新鲜洁净，无划伤和刺伤果，无异味和异臭。带袋（初选）统货，并负责运送至蜜梨合作社分级包装车间。

七、甲方负责设计和制作蜜梨包装，并须符合国家食品包装标准，包装外标明品种、等级、数量、重量、生产日期和检验号等内容。包装蜜梨必须使用干净牢固内层白色的新包装，每箱5公斤，16～18只，净重误差小于标准30克。每个梨果套上白色细纹网袋，网套长度不少于14厘米，不得有脱（破）网，不与其他水果混放。

八、甲方负责代为乙方蜜梨选果、分级和包装，按果实大小和锈斑多少分为四级五档，并依据优质优价原则，按不同等级分别定价：要求每箱一个标签,标明产地、重量、品种、等级、日期、检验号等内容。

　　九、100 箱以上按甲方要求送达指定地点,采收结束付款。

　　十、本协议未尽事宜由双方协商解决。

　　甲方:余杭镇蜜梨专业合作社　　　　　乙方:

　　代表(签名):　　　　　　　　　　　　代表(签名):

　　2007 年　月　日　　　　　　　　　　　2007 年　月　日

附录4：杭州余杭区余杭镇蜜梨专业合作社章程

总　则

第一条　为规范本社的活动行为，根据《浙江省农民专业合作社条例》和有关法律、法规、政策，结合本社实际，制定本章程。

第二条　本社是在家庭承包经营的基础上，从事蜜梨的生产经营者，依据加入自愿、退出自由、民主管理、盈余返还的原则，按照本章程进行共同生产、经营、服务活动的互助性经济组织。

本社名称：杭州余杭区余杭镇蜜梨专业合作社。

本社住所：余杭区余杭镇竹园村。

第三条　本社由杭州格林农业有限公司、王建民、李秦、张立源、施玉根、陆永根、董财富、田永华、陈仙香、柴永明10个社员组成，经工商行政管理机关登记注册，取得企业法人资格。

第四条　本社经营范围：蜜梨果品及生产所需的农资、农药和农机具等。

第五条　本社依法独立承担民事责任。本社社员以其出资额为限对合作社承担责任，本社以其全部资产对本社债务承担责任。

第六条　本社努力为社员提供产前、产中、产后服务，组织社员开展蜜梨生产经营，扩大产业规模，提升产品品质，提高社员生产经营的组织化程度，降低风险，依法维护社员的合法权益，增加社员收入。

本社接受农业行政主管部门的指导、协调和服务。

第七条　本社主要任务：

（一）统一建设标准化示范基地，开发、引进、试验和推广新品种、新技术、新设备、新成果；

（二）统一制定并组织社员实施产品生产质量标准，组织开展社员生产经营中的技术指导、咨询、培训和交流等活动，向社员提供生产技术和经营信息等资料；

（三）统一组织采购、供应社员需要的种子种苗、生产原料和农用物资等

农业投入品,开展社员需要的运输、储藏、保鲜等服务;

(四)统一组织销售社员的产品;

(五)统一注册商标、产品包装、广告发布和市场开拓;

(六)统一申报、认证认定无公害农产品基地、无公害农产品、绿色食品、有机食品和著名商标、知名商号及地方名牌等,提升产品和品牌;

(七)统一开展社员需要的法律、保险等服务和文化、福利等其他事业。

第二章　股金设置

第八条　本社注册资金由社员认购的股金组成。

第九条　社员认购股金可以货币出资,也可以实物、技术、土地承包经营权等作价出资。

第十条　社员认购的股金,本社向社员签发股权证书,作为所有者权益和盈余分配的依据,并以记名方式进行登记。

第十一条　本社注册资金为伍万贰仟元,每股股金贰仟元。单个社员认购的股金不高于五股。

社员之间可以自有联合认购股金,联合认购股金的社员应推选一名社员为代表,并由其进行注册,履行相应权利和义务。社员姓名、认购股金、出资方式及所占比例如下:

社员姓名	认购股金(元)	出资方式	所占比例(%)
杭州格林农庄有限公司	10000	现金	19.23
王建民	10000	现金	19.23
李 秦	10000	现金	19.23
张立源	10000	现金	19.23
施玉根	2000	现金	3.85
陆永根	2000	现金	3.85
董财富	2000	现金	3.85
田永华	2000	现金	3.85
陈仙香	2000	现金	3.85
柴永明	2000	现金	3.85

第十二条 社员部分或全部股金经理事会审核,社员大会审议,可以在社员之间转让。

第三章 社 员

第十三条 凡从事与本社同类或相关产品,有一定的生产规模或经营服务能力,具有完全民事行为能力的个人和组织,承认并遵守本章程,自愿提出入社申请,认购股金,经理事会讨论通过,成为本社社员。

第十四条 以组织名义入社的社员,其权利和义务由该组织法定代表人负责行使。

第十五条 社员的权利:

(一)有权参加本社社员大会,并有表决权、选举权和被选择权;

(二)享有本社提供的各项服务和产品优先交易权;

(三)享有按股金额和交易额参加盈余分配权;

(四)享有民主管理、民主监督权,有权对本社的工作提出质询、批评和建议;

(五)有权建议本社召开社员大会;

(六)有权拒绝本社不合法的负担;

(七)有权申请退出本社;

(八)享有本社终止后的剩余财产分配权。

第十六条 社员的义务:

(一)遵守本章程及本社各项制度,执行社员大会和理事会的决定,支持理事会、监事会履行职责;

(二)按本社规定认购股金,承担相应责任;

(三)严格履行与本社签订的各项协议或合同,按规定的生产质量标准和要求组织生产、提供产品;

(四)积极参加本社组织的学习、培训等各项活动,积极向本社反映情况,提供信息;

(五)根据社内工作分工,发扬互助协作精神,积极开展生产、经营和服务活动;

（六）维护本社利益，保护本社财产，爱护本社设施；

（七）承担本社认为需要承担的其他责任。

第十七条　社员退出本社须以书面形式提出，出具责任承担字据，经理事会讨论通过后办理相关手续。退社后，其入社股金于该年度年终决算后两个月内退还。如本社经营盈余，可参加盈余分配；本社经营亏损，应扣除其应承担的亏损份额。合作社公共积累不能分配。

第十八条　有下列情况之一的，经理事会批评教育无效，由理事会讨论决定予以除名，并办理退社手续：

（一）不遵守本社章程和各项制度；

（二）不履行社员义务；

（三）其行为给本社名誉和利益带来严重损害；

（四）违反国家法律、法规，被依法惩处的。

第十九条　社员死亡的，其社员资格和股金经理事会讨论通过，可由其具有入社条件的继承人继承。继承人不愿意入社或难以继承的，可按本章程规定办理退社手续。

第四章　　组织机构

第二十条　本社设立社员大会、理事会、监事会等组织机构。

第二十一条　社员大会是本社的最高权力机构，社员大会由全体社员组成。

第二十二条　社员大会的职权：

（一）审议、修改章程；

（二）选举或者罢免理事会、监事会成员；

（三）决定增减注册资金和股金转让；

（四）决定合并、分立、终止、清算；

（五）审议理事会、监事会工作报告和财务报告；

（六）决定生产经营方针和投资计划；

（七）决定社员认购的股金总额、每股金额、单位社员认购股金最高份额和社员认购股金最低份额；

（八）决定重大财产处置；

（九）决定盈余分配和弥补亏损方案；

（十）需要社员大会审议决定的其他重大事项。

第二十三条 社员大会每年至少召开一次。遇有下列情形之一，可以临时召开社员大会：

（一）四分之一以上社员或三分之一以上社员代表提议；

（二）监事会提议；

（三）理事会认为有必要的。

第二十四条 社员大会应当有三分之二以上的社员出席方可召开。

第二十五条 社员大会表决实行一人一票制。

第二十六条 社员因故不能到会的，可书面委托其他社员代理，一个社员最多只能代理两名社员。各项决议须有出席会议三分之二以上的社员同意，方可生效。

第二十七条 召开社员大会前，理事会须提前5天向社员书面报告会议内容，否则社员有权拒绝参加。

第二十八条 理事会是本社的执行机构，负责日常工作，对社员大会负责。理事会由5名理事组成，理事由社员大会选举产生，任期3年，可连选连任。理事会选举产生理事长1人，副理事长1人，理事长为本社的法定代表人。

第二十九条 理事会的职权：

（一）组织召开社员大会，执行社员大会决议；

（二）向社员大会提交需要讨论审议的章程、制度、工作计划等有关事项；

（三）讨论决定内部业务机构的设置及其负责人的任免；

（四）讨论决定入社、退社、除名和继承；

（五）讨论决定对社员与职工的工资、奖励和处分；

（六）根据本社发展需要为社员提供各项服务；

（七）聘用或解雇本社职员；

（八）管理本社的资产和财务；

（九）履行章程和社员大会授予的其他职责。

第三十条 理事会负责经营本社业务，保障本社的财产安全。如有渎职失职、徇私舞弊等造成损失的，应追究当事人的经济责任，构成犯罪的，由司法机关依法追究刑事责任。

理事会应严格执行各种报告制度，按期向社员大会报告本社生产、经营、服务和内部管理、财务等情况。

第三十一条　理事会议每年至少召开两次。每次会议须有三分之二以上的理事出席方能召开，有参加理事会议三分之二以上的理事同意方可形成决定。召开理事会议由理事长主持，应邀请监事长列席，必要时可邀请社员代表列席。列席者无表决权。理事个人对某项决议有不同意见时，须将其意见记入会议记录。

第三十二条　理事长的职权：

（一）主持本社的日常工作，负责召开理事会议；

（二）根据社员大会和理事会的决定，组织实施年度生产经营计划和生产、经营、服务活动；

（三）组织拟订本社内部业务机构和各项制度；

（四）代表本社对外签订合同、协议和契约；

（五）提议聘请或者解聘本社财务人员和其他管理人员；

（六）组织落实本社的各项任务；

（七）履行本社章程和理事会授予的其他职责。

第三十三条　监事会是本社的监察机构，代表全体社员监督和检查理事会的工作，对社员大会负责。监事会由监事 3 人组成，监事由社员大会选举产生，任期 3 年，可连选连任，监事会选举产生监事长 1 人，监事 2 名。

第三十四条　监事会的职权：

（一）监督理事会对社员大会决议和本社章程的执行情况；

（二）监督检查本社的生产经营业务和财务收支及盈余分配情况；

（三）监督社员履行义务情况；

（四）向社员大会提出工作报告；

（五）派代表列席理事会议，向理事会提出工作建议；

（六）提议临时召开社员大会；

（七）履行社员大会授予的其他职责。

第三十五条　监事会议由监事长主持，会议决议应以书面形式通知理事会,理事会应在接到通知 10 日内做出响应,否则为理事会失职。

第三十六条 监事会议须有三分之二以上的监事出席方能召开,有出席会议三分之二以上的监事通过,方能做出决议。监事个人对某项决议有不同意见时,须将其意见记入会议记录。

第三十七条 本社理事、财务负责人不得担任监事。

第三十八条 社员大会、理事会、监事会决定事项和执行情况,应采取适当形式及时向社员报告。

第五章 财务管理与盈余分配

第三十九条 本社应依照有关法律、法规、政策和规定,建立健全财务和会计制度。本社实行独立核算、自负盈亏,社员利益共享,风险共担。

第四十条 本社资金来源包括:

(一)社员股金;

(二)盈余分配中提取的公积金、公益金和风险金;

(三)未分配利润;

(四)金融机构贷款;

(五)政府扶持资金和接受的捐赠;

(六)其他资金。

第四十一条 政府扶持和其他组织或个体赠予本社的资产,均按接收时的现值入账,作为本社的共有资产,用于本社的发展事宜。国家另有规定或者双方另有约定的除外。

任何单位与个人无权平调本社资产。

第四十二条 社员向本社交售符合质量要求的产品,实行验收定级记账。资金结算可以待本批产品销售完毕后进行,也可以按本批产品销售时的市场平均价预付。

第四十三条 本社按日历年度进行会计核算。理事会须于每年 1 月 31 日前向社员大会提交上年度经监事会审核的资产负债表、损益表、财务状况变动表。

根据农业行政主管部门的要求定期上报有关财务、会计和统计报表。

第四十四条　扣除当年生产成本、经营支出和管理服务费用等,年终盈余按下列项目分配使用:

(一)公积金,按盈余5%的比例提取,用于扩大服务能力、奖励及弥补亏损;

(二)公益金,按盈余5%的比例提取,用于发展文化、福利事业;

(三)风险金,按盈余20%的比例提取,用于补偿本社的生产经营风险;

(四)盈余返还,提取公积金、公益金和风险金后,按交易额和股金额进行统筹分配。

第四十五条　本社独资或与外单位联合兴办的企业,实行独立核算。本社作为产权单位行使监督权,享有收益权。

第四十六条　本社如有亏损,经社员大会讨论通过,可用风险金、公积金弥补。风险金、公积金不足以弥补上一年度亏损的,可用以后年度的盈余弥补;因弥补亏损所减少的资金,社员大会应酌情规定补充的办法和期限。

第四十七条　本社财会人员实行持证上岗,会计和出纳不得相互兼任,理事、监事及其近亲属不得担任本社的财会人员。

第四十八条　本社根据社员大会或理事会的决定、监事会的要求,可委托农业行政主管部门或其他审计机构进行年度审计和专项、换届审计。

第六章　变更和终止、清算

第四十九条　本社名称、住所、法定代表人、注册资金、股金结构、经营范围等发生变化时,须向工商行政管理机关申请办理变更等相关手续。

第五十条　本社遇下列情况之一的,应及时向工商行政管理机关办理注销手续,予以终止:

(一)本社规定的营业期限届满后不再继续生产经营的;

(二)本社社员大会决议解散的;

(三)本社合并或分立需要解散的;

(四)本社违反法律、行政法律被依法责令关闭的;

(五)不可抗力事件致使本社无法继续经营的;

(六)宣告破产。

第五十一条　在确定终止后,理事会应在1个月内向社员宣布解散。

参考文献

［1］Aghion, P. & Bolton, P. Incomplete Social Contracts ［J］. *Journal of the European Economic Association*, 2003, 1(1): 38 – 67.

［2］Aghion, P., Dewatripont, M. & Rey, P. Transferable Control ［J］. *Journal of the European Economic Association*, 2004, 2(1): 115 – 138.

［3］Alchian, A. & Demsets, H. Production, Information Costs, and Economic Organization ［J］. *American Economic Review*, 1972, 62: 777 – 795.

［4］Alene, D. A., Manyong, V. M., Omanya. G, et al. Smallholder Market Participation under Transactions Costs: Maize Supply and Fertilizer Demand in Kenya ［J］. *Food Policy*, 2008, 33: 318 – 328.

［5］Amemiya, T. Qualitative Response Models: A Survey ［J］. *Journal of Economic Literature*, 1981, 19: 1483 – 1536.

［6］Anderson, E. & Schmittlein, C. D. Integration of the Sales Force: An Empirical Examination ［J］. *The RAND Journal of Economics*, 1984, 15(3): 385 – 395.

［7］Anderson, E. The Salesperson as Outside Agent or Employee: A Transaction Cost Analysis ［J］. *Marketing Science*, 1985, 4: 234 – 254.

［8］Badstue, L. B. Identifying the Factors that Influence Small-scale Farmers' Transaction Costs in Relation to Seed Acquisition: An Ethnographic Case Study of Maize Growing Smallholders in the Central Valleys of Oaxaca ［R］. Mexico, ESA Working Paper No. 04—16, The Food and Agriculture Organizationof the United Nations, Agricaltural and Development Economics

Division, 2004.

[9] Bailey, V. D. & Hunnicutt, L. The Role of Transaction Costs in Market Selection: Market Selection in Commercial Feeder Cattle Operations [R]. Paper Presented at Annual Meeting of the AAEA, 2002.

[10] Barrett, B. C. Smallholder Market Participation: Concepts and Evidence from Eastern and Southern Africa [J]. *Food Polity*, 2008, 33: 299 – 317.

[11] Bellemare, M. F. & Barrett, C. B. An Ordered Tobit Model of Market Participation: Evidence from Kenya and Ethiopia [J]. *American Journal of Agricultural Economics*, 2006, 88(2): 324 – 337.

[12] Coase, R. H. The Nature of Firm [J]. *Economica*, 1937, 4: 386 – 405.

[13] Coase, R. H. The Nature of Firm: Origins, Meaning, Influence [J]. *Journal of Law, Economics, and Organization*, 1988, 4: 3 – 48.

[14] Collins, B. M. & Fabozzi, F. J. A Methodology for Measuring Transaction Cost [J]. *Financial Analysts Journal*, 1991, 47(2): 27 – 36.

[15] Commons, J. R. *Institutional Economics* [M]. Madison: University of Wisconsin Press. 1934: 58 – 64.

[16] Deaton, A. *The Analysis of Household Surveys: A Microeconometric Approach to Development Policy* [M]. Baltimore: Johns Hopkins University Press, 1997: 1 – 469.

[17] Dollery, B. & Leong, H. W. Measuring the Transaction Sector in the Australian Economy, 1911—1991 [J]. *Australian Economic History Review*, 1998, 38(3): 207 – 231.

[18] Eggertsson, T. The Role of Transaction Costs and Property Rights in Economic Analysis [J]. *European Economic Review*, 1990, 34 (2): 450 – 457.

[19] Gabre-Madhin, E. Z. Transaction Costs and Market Institutions: Grain Brokers in Ethiopia [R]. Market and Structural Studies Division, International Food Policy Research Institute, Washington, D. C. Discussion Paper No. 31, 1999.

[20] Ghertman, M. Measuring Macro-economic Transaction Costs: A

Comparative Perspective and Possible Policy Implication [R]. Paper Presented at the 2nd Annual Conference of the International Society for New Institutional Economics, 1998.

[21] Goetz, S. J. A Selectivity Model of Household Food Marketing Behavior in Sub-Saharan Africa [J]. *American Journal of Agricultural Economics*, 1992, 74(2): 444 - 452.

[22] Gong, W., Parton, K., Cox, R. J., et. al. Transaction Costs and Cattle Farmers' Choice of Marketing Channels in China [J]. *Management Research News*, 2007, 30(1): 47 - 56.

[23] Gossman, S. & Hart, O. Implicit Contracts under Asymmetric Information [J]. *Quarterly Journal of Economics*, 1983, 98: 123 - 156.

[24] Gossman, S. & Hart, O. The Costs and Benefits of Ownership: A Theory of Vertical and Lateral Integration [J]. *Journal of Political Economy*, 1986, 94: 691 - 71.

[25] Hart, O. & Moore, J. Agreeing Now to Agree Later: Contracts that Rule Out but not Rule In [R]. Working Paper, 2004.

[26] Hart, O. & Moore, J. On the Design of Hierarchies: Coordination versus Specialization [J]. *Journal of Political Economy*, 2005, 113(4): 675 - 702.

[27] Hart, O. Incomplete Contracts and Public Ownership: Remarks, and an Application to Public-Private Partnerships [R]. Working Paper, 2002.

[28] Heide, J. B. & John, G. The Role of Dependence Balancing in Safeguarding Transaction Specific Assets [J]. *Journal of Marketing*, 1988, 52: 20 - 35.

[29] Hobbs, J. E. Measuring the Importance of Transaction Costs in Cattle Marketing [J]. *American Journal of Agricultural Economics*, 1997, 79(4): 1083 - 1095.

[30] Holloway, G., Nicholson, C. & Staal, S. Agroindustrialization through Institutional Innovation: Transaction Costs, Cooperatives and Milk Market Development in East African Highlands [J]. *Agricultural*

Economics, 2000, 23(3): 279 - 288.

[31] Holmstrom, B. Moral Hazard and Observability [J]. *Bell Journal of Economics*, 1979, 13: 324 - 340.

[32] Jenen, M. C. & Meckling, W. H. Theory of the Firm: Managerial Behavior, Agency Costs and Ownership Structure [J]. *Journal of Financial Economics*, 1976, 3: 305 - 360.

[33] John, G. & Weitz, A. B. Forward Integration into Distribution: An Empirical Test of Transaction Cost Analysis [J]. *Journal of Law, Economics and Organization*, 1988, 4(2): 337 - 355.

[34] Joskow, P. L. Asset Specificity and the Structure of Vertical Relationships: Empirical Evidence [J]. *Journal of Law, Economics and Organization*, 1988, 4: 95 - 117.

[35] Joskow, P. L. Contract Duration and Relationship-Specific Investment: Empirical Evidence from Coal Markets [J]. *American Economic Review*, 1987, 77(1): 168 - 185.

[36] Joskow, P. L. Vertical Integration and Long Term Contracts: The Case of Coal-Burning Electric Generating Plants [J]. *Journal of Law, Economics and Organization*, 1985, 1: 33 - 80.

[37] Key, N., Sadoulet, E. & Janvry, A. Transaction Costs and Agricultural Household Supply Response [J]. *American Journal of Agricultural Economics*, 2000, 82(1): 245 - 259.

[38] Klein, B. Transaction Cost Determinants of "Unfair" Contractual Arrangements [J]. *American Economic Review*, 1980, 70: 356 - 362.

[39] Klein, S., Frazer, G. L. & Roth, V. J. A Transaction Cost Analysis Model of Channel Integration in International Markets [J]. *Journal of Marketing Research*, 1990, 27: 196 - 208.

[40] Lu, H. L. A Two-stage Value Chain Model for Vegetable Marketing Chain Efficiency Evaluation: A Transaction Coat Approach [R]. Contributed Paper Prepared for Presentation at IAAE Conference, 2006.

[41] Maltz, A. Private Fleet Use: A Transaction Cost Model [J].

Transportation Journal, 1993, 32(3): 46 – 53.

[42] Masten, S. E. & Edward, A. S. The Design and Duration of Contracts: Strategic and Efficiency Considerations [J]. *Law and Contemporary Problems*, 1989, 52: 63 – 85.

[43] Masten, S. E. & Keith, J. C. Efficient Adaptation in Long-term Contracts: Take-or-Pay Provisions for Natural Gas [J]. *American Economic Review*, 1985, 75: 1038 – 1093.

[44] Masten, S. E. & Keith, J. C. Regulation and Nonprice Competition in Long-Term Contracts for Natural Gas [R]. Working Paper, University of Virginia, Department of Economics, 1984b.

[45] Masten, S. E. A Legal Basis for the Firm [J]. *Journal of Law, Economics, and Organization*, 1988a, 4: 181 – 198.

[46] Masten, S. E. Equity, Opportunism, and the Design of Contractual Relations [J]. *Journal of Institutional and Theoretical Economics*, 1988b, 144: 180 – 195.

[47] Masten, S. E. Minimum Bill Contracts: Theory and Policy [J]. *Journal of Industrial Economics*, 1988c, 37: 85 – 97.

[48] Masten, S. E. The Organization of Production: Evidence from the Aerospace Industry [J]. *Journal of Law and Economics*, 1984a, 27: 403 – 417.

[49] Masten, S. E. Transaction Costs, Institutional Choice, and the Theory of the Firm [D]. Ph. D. diss. , University of Pennsylvania, 1982.

[50] Masten, S. E. , James, W. M. & Edward, A. S. The Cost of Organization [J]. *Journal of Law, Economics and Organization*, 1991, 7: 1 – 25.

[51] Masten, S. E. , James, W. M. & Edward, A. S. Vertical Integration in the U. S. Auto Industry: A Note on the Influence of Transaction Specific Assets [J]. *Journal of Economic Behavior and Organization*, 1989, 12: 265 – 273.

[52] Monteverde, K. & Teece, D. Supplier Switching Costs and Vertical Integration in the Automobile Industry [J]. *The Bell Journal of Economics*, 1982, 13(1): 206 – 213.

[53] Monteverde, K. Technical Dialog as An Incentive for Vertical Integration in the Semiconductor Industry [J]. *Management Science*, 1995, 41(10): 1624 – 1638.

[54] Nickerson, A. J. & Silverman, S. B. Why Firms Want to Organize Efficiently and What Keeps Them from Doing So: Inappropriate Governance, Performance, and Adaptation in a Deregulated Industry [J]. *Administrative Science Quarterly*, 2003, 48(3): 433 – 465.

[55] Noordewier, T. G. , John, G. & Nevin, J. R. Performance Outcomes of Purchasing Arrangements in Industrial Buyer-Vendor Relationships [J]. *Journal of Marketing*, 1990, 54: 80 – 93.

[56] Omamo, T. Farm-to-market Transaction Costs and Specialization in Small-scale Agriculture: Explorations with a Non-separable Household Model [J]. *Journal of Development Studies*, 1998, 35(2): 152 – 163.

[57] Oxley, J. E. Institutional Environment and the Mechanisms of Governance: the Impactof Intellectual Property Protection on the Structure of Inter-firm Alliances [J]. *Journal of Economic Behavior and Organization*, 1999, 38(3): 283 – 309.

[58] Palay, T. M. Comparative Institutional Economics: The Governance of Rail Freight Contracting [J]. *Journal of Legal Studies*, 1984, 13: 265 – 287.

[59] Renkow, M. , Hallstrom, D. G. & Karanja, D. D. Rural Infrastructure, Transactions Costs and Market Participation in Kenya [J]. *Journal of Development Economics*, 2004, 73(3), 349 – 367.

[60] Rindfleisch, A. & Heide, J. B. Transaction Cost Analysis: Past, Present, and Future Applications [J]. *Journal of Marketing*, 1997, 61(4): 30 – 54.

[61] Ross, S. A. The Economic Theory of Agency: The Principal's Problem [J]. *American Economic Review*, 1973, 63(2): 134 – 139.

[62] Sadoulet, E. & Janvry, D. A. *Quantitative Development Policy Analysis* [M]. Baltimore: Johns Hopkins University Press, 1995.

[63] Sang, N. Q. Vertical Coordination in the Chinese Agri-food System: A Transaction Cost Approach [D]. PhD thesis, The University of Adelaide, 2003.

[64] Saussier, S. Transaction Costs and Contractual Incompleteness: the Case of Electricity of France [J]. *Journal of Economic Behavior and Organization*, 2000, 42(2): 189 – 206.

[65] Sexton, T. R. & Lewis, H. F. Two-Stage DEA: An Application to Major League Baseball [J]. *Journal of Productivity Analysis*, 2003, 19: 227 – 249.

[66] Shelanski, H. A. & Klein, P. G. Empirical Research in Transaction Cost Economics: A Review and Assessment [J]. *Journal of Law, Economics and Organization*, 1995, 11(2): 335 – 361.

[67] Stump, R. L. & Heide, J. B. Controlling Supplier Opportunism in Industrial Relationships [J]. *Journal of Marketing Research*, 1996, 33 (4): 431 – 441.

[68] Tobin, J. The Estimation of Relationships for Limited Dependent Variables [J]. *Econometrica*, 1958, 26(1): 24 – 36.

[69] Ulset, S. R&D Outsourcing and Contractual Governance: An Empirical Study of Commercial R&D Projects [J]. *Journal of Economic Behavior and Organization*, 1996, 30(1): 63 – 82.

[70] Vakis, R., Sadoulet, E. & Janvry, D. A. Measuring Transactions Costs from Observed Behavior: Market Choices in Peru [R]. University of California Berkeley CUDARE Working Papers, 2003.

[71] Walker, G. & Weber, D. A Transaction Cost Approach to Make-or-Buy Decision [J]. *Administrative Science Quarterly*, 1984; 29: 373 – 391.

[72] Wallis, J. J. & North, C. D. Measuring the Transaction Sector in the American Economy, 1870 – 1970 [A], Engerman, L. S. & Gallman, E. R. *Long-Term Factors in American Economic Growth* [C]. Chicago: University of Chicago Press, 1986.

[73] Wang, N. Measuring Transaction Costs: An Incomplete Survey [R].

Ronald Coase Institute Working Paper，2003.

[74] Williamson，O. E. Comparative Economic Organization：The Analysis of Discrete Structural Alternatives [J]. *Administrative Science Quarterly*，1991，36：269 - 296.

[75] Williamson，O. E. Franchise Bidding for Natural Monopolies-in General and Respect to CATV [J]. *The Bell Journal of Economics*，1976，7：73 - 104.

[76] Williamson，O. E. *Markets and Hierarchies：Analysis and Antitrust Implications* [M]. New York：Free Press，1975.

[77] Williamson，O. E. *The Economic Institution of Capitalism：Firms, Markets，Relational Contracting* [M]. New York：Free Press，1985.

[78] Williamson，O. E. The Logic of Economic Organization [J]. *Journal of Law，Economics and Organization*，1988，4：65 - 93.

[79] Williamson，O. E. The Vertical Integration of Production：Market Failure Considerations [J]. *American Economic Review*，1971，61：112 - 123.

[80] Williamson，O. E. Transaction Cost Economics [A]. Schmalensee, R. & Willig，R. *Handbook of Industrial Organization* [C]. vol. 1. Amsterdam：North-Holland，1989：135 - 182.

[81] Williamson，O. E. Transaction Costs Economics：The Governance of Contractual Relation [J]. *Journal of Law and Economics*，1979，22：233 - 262.

[82] Winter-Nelson，A. & Temu，A. Impacts of Prices and Transactions Costs on Input Usage in a Liberalizing Economy：Evidence from Tanzanian Coffee Growers [J]. *Agricultural Economics*，2005，33(3)：243 - 253.

[83] Zellner，A. An Efficient Method of Estimating Seemingly Unrelated Regressions and Tests for Aggregation Bias [J]. *Journal of the American Statistical Association*，1962，57(298)：348 - 368.

[84] 蔡荣,祁春节.农业产业化组织形式变迁——基于交易费用与契约选择的分析[J].经济问题探索,2007(3)：28—31.

[85] 陈郁.企业制度与市场组织——交易费用经济学文选[M].上海：上海人民出版社,1996：1—356.

[86] [美]戴维森,麦金农.计量经济理论与方法[M].沈根祥译.上海:上海财经大学出版社,2006:399—443.

[87] 戴迎春,常向阳.荷兰蔬菜和水果拍卖市场交易方式的变革[J].世界农业,2004(5):39—41.

[88] [美]迪屈奇.交易费用经济学——关于公司的新的经济意义[M].王铁生,葛立成译.北京:经济科学出版社,1999:20—65.

[89] [美]弗鲁博顿,[德]芮切特.新制度经济学:一个交易费用分析范式[M].姜建强,罗长远译.上海:上海人民出版社,2006:54—88.

[90] 傅晨.中国农村合作经济:组织形式与制度变迁[M].北京:中国经济出版社,2006:232—234.

[91] 傅玉瑚,申连长.梨高效优质生产新技术[M].北京:中国农业出版社,1999:1—30.

[92] 郭红东.农业龙头企业与农户订单安排及履约机制研究[M].北京:中国农业出版社,2005(a):70—85.

[93] 郭红东.我国农户参与订单农业行为的影响因素分析[J].中国农村经济,2005b(3):24—32.

[94] 郭锦墉,尹琴,廖小官.农产品营销中影响农户合作伙伴选择的因素分析——基于江西省农户的实证[J].农业经济问题,2007(1):86—93.

[95] 国家统计局农村社会经济调查司.(历年)中国农村统计年鉴[M].北京:中国统计出版社,2000—2007.

[96] 何坪华,杨名远.农户经营市场交易费用构成与现状的实证分析[J].中国农村观察,1999(6):40—44.

[97] 胡浩志.交易费用计量研究述评[J].中南财经政法大学学报,2007(4):20—26.

[98] 黄祖辉,张静,Kevin Chen.交易费用与农户契约选择——来自浙冀两省15县30个村梨农调查的经验证据[J].管理世界,2008(9):76—81.

[99] 黄祖辉,张静,陈志钢.中国梨果产业价值链分析[J].中国农村经济,2008(9):63—72.

[100] [美]科斯,哈特,斯蒂格利茨,等.契约经济学[M].李风圣主译.北京:经济科学出版社,1999:1—35.

[101] 刘凤芹.不完全合约与契约障碍[J].经济研究,2003(4):22—30.

[102] 刘克春,苏为华.农户资源禀赋、交易费用与农户农地使用权流转行为——基于江西省农户调查[J].统计研究,2006(5):73—77.

[103] 刘向东.流通费用与交易费用的区别与联系——兼论流通费用范畴的发展[J].中国人民大学学报,2004(2):46—52.

[104] 刘志铭,申建博.交易费用的测度:理论的发展及应用[J].财贸经济,2006(10):77—83.

[105] 卢现祥,朱巧玲.交易费用测量的两个层次及其相互关系研究述评[J].数量经济技术经济研究,2006(7):97—108.

[106] 罗必良.农业产业组织:演进、比较与创新[M].北京:中国经济出版社,2002.

[107] 闵耀良,邓红卫.美国蔬菜、水果市场流通状况考察[J].中国农村经济,2000(4):69—74.

[108] 缪建平.台湾的蔬菜、水果市场体系建设考察[J].中国农村观察,1998(2):61—65.

[109] 聂辉华.交易费用经济学:过去、现在和未来——兼评威廉姆森《资本主义经济制度》[J].管理世界,2004(12):146—153.

[110] 聂辉华.声誉、人力资本和企业理论:一个不完全契约理论分析框架[R].中国人民大学经济学院工作论文,2006.

[111] 聂辉华.新制度经济学中不完全契约理论的分歧和融合——以威廉姆森和哈特为代表的两种进路[J].中国人民大学学报,2005(1):81—87.

[112] 钱忠好.节约交易费用:农业产业化经营成功的关键——对江苏如意集团的个案研究[J].中国农村经济,2000(8):62—66.

[113] 屈小博,霍学喜.交易费用对农户农产品销售行为的影响[J].中国农村经济,2007(8):35—46.

[114] 生秀东.订单农业的契约困境和组织形式的演进[J].中国农村经济,2007(12):35—39.

[115] 史清华.农户家庭经济资源利用效率及其配置方向比较[J].中国农村经济,2000(8):58—61.

[116] 汪丁丁.从"交易费用"到博弈均衡[J].经济研究,1995(9):72—80.

[117] 魏权龄.数据包络分析[M].北京：科学出版社,2004.

[118] 吴秀敏,林坚.农业产业化经营中契约形式的选择：要素契约还是商品契约(2004)——一种基于 G-H-M 模型的思考[J].浙江大学学报(人文社会科学版),2004(5)：13—19.

[119] 杨明洪.农业产业化经济组织形式演进[J].中国农村经济,2002(10)：11—15.

[120] 杨瑞龙,聂辉华.不完全契约理论：一个综述[J].经济研究,2006(2)：104—114.

[121] 易宪容.交易行为与合约选择[M].北京：经济科学出版社,1998.

[122] 尹云松,高玉喜,糜仲春.公司与农户间商品契约的类型及其稳定性考察——对 5 家农业产业化龙头企业的个案分析[J].中国农村经济,2003(8)：63—67.

[123] 张静,傅新红.聚焦供应链管理提升产业化经营——农产品供应链管理与农业产业化经营国际研讨会观点综述[J].中国农村经济,2007(2)：77—80.

[124] 赵红军,尹伯成,孙楚仁.交易效率、工业化与城市化——一个理解中国经济内生发展的理论模型与经验证据[J].经济学(季刊),2006(4)：1041—1066.

[125] 赵红军.交易效率：衡量一国交易费用的新视角[J].上海经济研究,2005(11)：3—14.

[126] 周立群,曹利群.农村经济组织形态的演变与创新——山东省莱阳市农业产业化调查报告[J].经济研究,2001(1)：69—83.

[127] 周立群,曹利群.商品契约优于要素契约——以农业产业化经营中的契约选择为例[J].经济研究,2002(1)：14—19.

[128] 周曙东,戴迎春.供应链框架下生猪养殖户垂直协作形式选择分析[J].中国农村经济,2005(6)：30—36.

[129] 周兆生.流通型农业合作社的交易效率分析[J].中国农村观察,1999(3)：29—34.

[130] 朱学新.降低农产品交易费用的制度选择[J].农业经济问题,2005(12)：30—33.

[131] 祝宏辉,王秀清.新疆番茄产业中农户参与订单农业的影响因素分析[J].中国农村经济,2007(7)：67—75.

索　引

165

致　　谢

　　本书是在我博士论文的基础上修改完成的。时至今日，我仍然常常回忆起这样的场景：在浙江大学中国农村发展研究院(CARD)资料室狭长的过道里，我满怀憧憬与惶恐"偷偷地"翻阅着师兄师姐们的论文致谢，憧憬着自己终有一天可以在夜深人静时端坐在电脑前写下感激的只言片语，惶恐着前辈们经历了怎样复杂的心路历程和怎样艰巨的日夜劳作才最终被授予了致谢的权利。在求是园奋斗的时日历历在目，在我的求学和成长道路上得到了无数关爱。恩师的栽培、亲人的呵护、朋友的帮助，所有的一切都让我心怀感激。

　　我的导师黄祖辉教授是一位如慈父般的长者。他的博学和睿智让我第一次对CARD产生了兴趣，他的鼓励和赞赏让我从胆怯自卑的女生成长为能够独当一面的合格助手。忘不了他在我的母校所做的启蒙演讲，忘不了他在山东带领我调研时的"生死两忘"，忘不了他一路小跑着出入我的学习室，忘不了他在我疲惫气馁时的加油助威——"有什么事情会难倒我们'张铁人'"，忘不了他对我职业道路选择的无奈失望却宽容体谅……忘不了的太多太多，请恩师原谅我的任性与轻狂。

　　我的合作导师，国际食品政策研究所北京办公室的陈志钢博士，以及美国密歇根州立大学农经系的Thomas Reardon教授，直接指导了我博士论文的每一步进展。陈志钢博士早年发给我的几篇关于交易费用经验研究的文献开启了我的探索之门，在参与研究的初期，我曾一度因耳闻陈志钢博士即将抽查进度的消息而紧张得寝食难安，一步一步地，在陈志钢博士的悉心指导和鼎力帮助下，我工程浩大的调研工作得以顺利完成。Reardon教授是一位严厉却又风趣的"大牛教授"，我已忘记在完成他的课题过程中曾委屈地哭过多少回,一遍一遍地,我用蹩脚的英语书写着永远也达不到要求的课题报告,辩驳着永远也争论不休的观点立场。两位领路人一丝不苟的治学风范、孩童般旺盛的求知欲、几近偏执的工作方式必将使我受用终生。

最真挚的感谢要奉献给所有对我的研究有直接贡献的师生,包括:为调研提供了极大便利的浙江省农业厅陈晓浪老师、河北经贸大学刘东英教授和马彦丽教授;为农户调查尽心尽力的梁巧、郭乙辉、王鑫鑫、李艳、胡济飞、郭琳、梁琦、朱倩容;为调查问卷提供了重要技术信息的高增新先生、徐秋华先生和滕元文教授;为文稿的完善提供了宝贵意见的 Dan Kramer 教授和郑黎义同学。

我会永远思念 CARD 这个大家庭。这里有众多的"卡特式符号":徐丽安院长式的温暖、毛迎春主任式的可爱、陆文聪教授式的严谨、周洁红教授式的拼搏、刘西川师兄式的执著、阮建青师兄式的豁达、金铃同学式的坚毅、杨奇明同学式的奉献、陈近师弟式的慷慨、邵科师弟式的激情……纵然这里是铁打的营盘流水的兵,但是这里却承载着所有"卡特人"的奋斗与守望、希冀与梦想。我,定会常回家看看。

最深厚的爱要奉献给我的家人。我的父母历尽坎坷却始终坚韧,一个又一个的时代烙印考验着他们,但他们一直在努力寻找着前行的方向。我的先生邹宏斌博士对科研的执著是我学习的榜样,他对我的关爱让我的心灵平静而充盈。我可爱的女儿邹奕杉给我带来了数不清的快乐和感动。

真诚的谢意要献给我的工作单位中国农业银行浙江省分行,我的工作岗位让我有机会将研究所得付诸中国农村金融的实践,并产生一定的社会价值。

最后,要特别感谢将我的研究成果赋予浓浓墨香的浙江大学出版社和责任编辑。

远离故土的地方,
我一直在征途上。
既然选择了远方,
便只顾风雨兼程。

张　静
2013 年深秋于新安江畔

图书在版编目(CIP)数据

交易费用与农户契约选择/ 张静著. --杭州：浙江大学出版社,2014.3

ISBN 978-7-308-12899-5

Ⅰ. ①交… Ⅱ. ①张… Ⅲ. ①农产品贸易—研究—中国
Ⅳ. ①F724.72

中国版本图书馆 CIP 数据核字（2014）第 027391 号

交易费用与农户契约选择

张　静　著

责任编辑　陈丽霞

文字编辑　姜井勇

封面设计　春天·书装工作室

出版发行　浙江大学出版社

　　　　　　（杭州市天目山路 148 号　邮政编码 310007）

　　　　　　（网址：http://www.zjupress.com）

排　　版　杭州林智广告有限公司

印　　刷　杭州杭新印务有限公司

开　　本　710mm×1000mm　1/16

印　　张　11.5

字　　数　177 千

版 印 次　2014 年 3 月第 1 版　2014 年 3 月第 1 次印刷

书　　号　ISBN 978-7-308-12899-5

定　　价　32.00 元
